recettes pour débutants

recettes pour débutants

Louise Pickford

marabout

Publié pour la première fois en Grande-Bretagne en 2009 sous le titre *200 really easy recipes*.

Traduit de l'anglais par Pascale Paolini.
Mise en pages : les PAOistes.

Pour l'éditeur, le principe est d'utiliser des papiers composés de fibres naturelles, renouvelables, recyclables et fabriquées à partir de bois issus de forêts qui adoptent un système d'aménagement durable. En outre, l'éditeur attend de ses fournisseurs de papier qu'ils s'inscrivent dans une démarche de certification environnementale reconnue.

ISBN : 978-2-501-087292
Dépot légal : mai 2013
41.3153.8/01
Imprimé en Espagne par Cayfosa Impresia Ibérica

sommaire

introduction

Cet ouvrage est le compagnon idéal des cuisiniers débutants : c'est la garantie d'avoir sous la main une multitude de plats faciles à préparer. Vous y trouverez des plats traditionnels, des classiques revisités ainsi que des nouveautés étonnantes. Les recettes ne sont pas compliquées à réaliser et vous devriez trouver tous les ingrédients nécessaires dans votre supermarché.

La diversité pimente l'existence, et avec toutes les idées de repas dont regorge ce livre, vous n'aurez que l'embarras du choix. Petit déjeuner gourmand, idées de brunch, plats de pâtes, riz et nouilles, plats « uniques » (avec très peu de vaisselle à faire !) et gâteaux honteusement délicieux... Même le plus réticent des cuisiniers se laisserait tenter !

La cuisine est une affaire de confiance en soi : plus on pratique, plus on maîtrise les ustensiles, les ingrédients et les méthodes de cuisson... et plus cela devient agréable de cuisiner. Rapidement, vous serez capable de concocter des petits plats pour vous et vos amis, et vous pourrez frimer en leur faisant découvrir vos nouveaux talents culinaires !

un corps en pleine forme

Lorsque l'on quitte pour la première fois ses parents et/ou quand on commence ses études ou un nouveau travail, on peut se sentir découragé, stressé. De plus, faire à manger pour soi peut vite se transformer en véritable corvée. Bien sûr, il y a la solution fast-food, assez pratique, mais finalement ça revient cher. Et, en plus, ce type de nourriture, souvent trop grasse, ne fournit pas les apports nutritionnels recommandés. Si vous étudiez ou que vous travaillez dur, vous aurez besoin d'énergie pour vous concentrer. Manger équilibré est donc essentiel, sans oublier que cela permet de se sentir bien dans son corps et dans sa tête !

Faire la cuisine soi-même est la meilleure façon de contrôler ce que l'on mange : vous évitez les mauvaises graisses des fast-foods et des plats tout prêts. Adoptez une alimentation équilibrée en mangeant de la viande maigre et du poisson pour les protéines, des féculents pour l'énergie, des fruits frais et des légumes pour les vitamines indispensables et des fibres. Résultat ? Un corps en pleine forme.

Cet ouvrage vous permettra de trouver un équilibre nutritionnel, tout en concoctant des plats délicieux : vous vous sentirez bien dans votre peau et plein d'énergie.

Faire la cuisine ne signifie pas pour autant passer moins de temps avec ses amis, ou à se détendre. C'est pourquoi la plupart des recettes de ce livre sont rapides à faire, même celles pour les repas de fête.

à propos des recettes

Les recettes sont classées en 7 chapitres et il y en a pour toutes les occasions !

Le petit déjeuner est le repas le plus important de la journée, mais très souvent on se contente d'un petit café. Le chapitre « petits déjeuners & brunchs » vous assure de manger tous les jours quelque chose de bon. Que ce soit avec un très sain Muesli aux fruits rouges (page 34), des Pancakes au bacon et au sirop d'érable (page 16), ou avec le nourrissant Rösti aux œufs et au jambon (page 20), vous êtes sûr de démarrer la journée du bon pied.

Dans « soupes & plats uniques », vous trouverez des plats d'hiver, parfaits pour se réchauffer, comme le Goulasch (page 48) et la Soupe de haricots rouges et de poivrons rouges (page 66), quand vous aurez besoin de quelque chose de plus consistant pour résister aux nuits froides et garder de l'énergie pour le lendemain. Les restes peuvent être congelés. Vous pouvez garder les plats comme le Riz au poulet cuit au four (page 54) dans des boîtes en plastique et les emporter pour le déjeuner.

Quand on travaille dur et qu'on sort beaucoup, il reste peu de temps pour faire la cuisine. Pas de panique ! « Dîners prêts en 20 minutes » a la solution : d'excellents repas prêts en un clin d'œil. Vous avez le choix entre le Curry de poulet thaï (page 78), les Burgers de thon sauce pesto (page 90), d'inspiration italienne, ou, plus élaboré, l'Agneau à la sauce olives pignons (page 84). Des recettes idéales pour des dîners entre amis ou en famille. Impressionnez-les avec ces menus inratables !

Pour faire le plein d'énergie, les plats riches en glucides que vous trouverez dans « pâtes, riz & nouilles » feront mouche à coup sûr. Reprenez des forces avec les Pâtes aux boulettes de saucisse et aux petits pois (page 106), Risotto gratiné au beurre noisette (page 120) ou un simple Pad thaï (page 112).

La viande et le poisson sont certes assez onéreux, mais afin de garder un bon équilibre alimentaire, il est indispensable de manger des protéines. Les plats dans

« viandes, volailles & poissons » utilisent les morceaux les moins chers : bœuf et agneau hachés, ailes de poulet et côtelettes. Dans la plupart des recettes, vous pouvez remplacer les poissons conseillés par d'autres moins coûteux.

Les recettes du chapitre « plats végétariens & salades » sont parfaites pour tous ceux qui ne mangent pas de viande. Essayez le Tajine aux pois chiches (page 180) d'inspiration marocaine, le Curry de légumes (page 178), ou la très chic Tarte à l'halloumi et aux figues (page 184).

Le dernier chapitre, « gâteaux et desserts faciles », s'adresse aux amateurs du sucré. Il contient des desserts pour tous les jours comme pour les moments plus mondains. Le Gâteau au chocolat givré (page 234), par exemple, peut être servi pour 30 personnes. Il se conserve bien et peut être mangé le lendemain pour accompagner le café en milieu de matinée. La Salade de fruits aux fleurs de sureau (page 234) est idéale en été, alors que les Moelleux au caramel collant (page 208) se dévorent plutôt en hiver.

les indispensables du garde-manger

Un garde-manger bien approvisionné, c'est pratique, surtout pour improviser des dîners de dernière minute. Voici des ingrédients à avoir absolument dans son placard...

Huile d'olive vierge extra et huile végétale Pour les plats sautés, les vinaigrettes et les fritures.

Vinaigre de vin blanc, de vin rouge et balsamique Pour les marinades de viande et de volaille (le vinaigre attendrit la viande). Également pour donner du piquant à la vinaigrette.

Boîtes de tomates en dés Pour toutes sortes de sauces.

Thon à l'huile d'olive Peut être utilisé froid dans des salades ou sur des tartines. Chaud, il servira de base à une sauce pour des pâtes ou pour un cake au poisson.

Pois chiches et haricots rouges en boîte Parfaits pour des salades en un clin d'œil. Ou dans des soupes et des plats en cocotte.

Pâtes et nouilles Froides en salade, chaudes en plat principal ou en soupe. Ayez toujours sous la main différentes sortes de pâtes : spaghettis, pennes, fusilli, nouilles de riz, pâtes aux œufs.

Épices et herbes Ayez au moins du cumin, de la coriandre et du curcuma moulus, de la sauce barbecue (ou de la sauce « jerk ») et des flocons de piment séché pour relever un plat ; de la cannelle moulue pour des plats sucrés et salés ; de l'origan et du thym pour donner à vos plats des parfums de Méditerranée.

Sel marin et poivre noir Pour assaisonner les plats de tous les jours. À moudre au dernier moment pour un maximum de saveurs.

Riz basmati, riz long grain et riz à risotto Le riz constitue d'excellents plats principaux, comme les riz pilaf ou les risottos.

Farine ordinaire et farine à levure incorporée Indispensables pour la pâtisserie. Elles servent aussi pour des sauces au fromage et des sauces blanches.

Sucre en poudre, cassonade et cassonade blonde Pour tous les usages. Le sucre en poudre se dissout plus facilement, la cassonade quant à elle donne plus de saveur.

Sauces asiatiques Les sauces soja, huître, hoisin, nuoc-mâm et sauce aux piments doux donnent du goût aux fritures, aux plats de nouilles et aux plats vapeur.

conseils de shopping

Avant de faire vos courses, prenez le temps de rédiger une liste. Une fois par semaine, faites le plein de produits non

périssables au supermarché. Mais si vous le pouvez, achetez les produits frais quotidiennement chez le boucher, le poissonnier ou le primeur du quartier.

Bien que les supermarchés renouvellent souvent leurs stocks de viande et de poisson frais, vérifiez toujours la provenance des produits et leur date de péremption. Achetez uniquement les produits frais. Chez le boucher, vous pourrez choisir les quantités désirées, alors que les supermarchés ont tendance à proposer de la viande « en gros » en promotion. Pour les fruits et légumes, achetez toujours les produits de saison. Ils ont le meilleur rapport qualité-prix. Ils doivent être fermes au toucher et avoir une peau lisse.

bien conserver les produits

Gardez les pommes, les ananas, les pommes de terre, les oignons et l'ail dans un endroit frais et sombre non réfrigéré. Conservez les herbes fraîches et la salade dans le bac à légumes du réfrigérateur. Mettez les herbes dans un sac en plastique avec un peu d'eau – elles dureront plus longtemps. Gardez les champignons dans du papier ou un sac en tissu car ils « transpirent » dans le plastique et s'abîment rapidement.

Retirez les viandes, les volailles et les poissons de leur emballage. Lavez-les, épongez-les avec du papier absorbant, et enveloppez-les dans une feuille d'aluminium. Conservez la viande et la volaille fraîches en bas du réfrigérateur ; de cette façon, leurs jus ne goutteront pas sur les autres produits. Tenez toujours les viandes et les volailles cuites éloignées des produits crus.

Les viandes, volailles ou poissons frais inutilisés peuvent être congelés. Enveloppez-les dans une feuille d'aluminium ou dans un sac de congélation puis mettez-les au congélateur. Avant de cuisiner, assurez-vous que la nourriture surgelée est complètement décongelée.

Pensez à sortir les œufs 1 heure avant de les utiliser afin de les remettre à température ambiante.

check-list des ustensiles

Votre budget et votre façon de cuisiner influenceront sans doute l'achat de votre batterie de cuisine, mais assurez-vous d'avoir au minimum les ustensiles de la liste ci-dessous. N'oubliez pas qu'il s'agit d'un investissement pour le futur, surtout si vous achetez des ustensiles de bonne qualité qui dureront plus longtemps.

- 3 casseroles : petite, moyenne et grande ;
- 1 grande poêle à fond épais ;
- 1 plat à rôtir ;
- 1 plaque de cuisson ;
- 1 balance ;
- 3 couteaux aiguisés : petit, grand et dentelé ;
- bols et saladiers de différentes tailles (pour mélanger les préparations) ;
- 1 verre mesureur (en plastique, par exemple) ;
- 2 planches à découper : une pour la nourriture crue et l'autre pour tout le reste ;
- 1 grande passoire ;
- 1 robot de cuisine – si vous en avez les moyens. C'est un excellent investissement qui vous fera gagner du temps.

glossaire

Anis étoilé Épice utilisée dans le cinq-épices chinois en poudre. N'hésitez pas à l'acheter seule et entière pour parfumer des recettes asiatiques.

Basilic thaï Pour donner à vos plats une saveur thaïe. On en trouve dans certains supermarchés et dans les magasins asiatiques. À défaut, remplacez-le par son cousin occidental.

Chorizo Saucisson de porc espagnol épicé, au goût savoureux intense.

Cinq-épices chinois Mélange d'épices moulues aromatiques (badiane, fenouil, cannelle, clou de girofle et poivre du Sichuan).

Feuilles de combava Feuilles très aromatiques d'une variété de citronnier venu d'Asie. On les trouve fraîches dans les magasins asiatiques. Les feuilles se congèlent bien dans des sacs hermétiques.

Frangelico Liqueur à la noisette, fabriquée en Italie. On en trouve en grandes surfaces ou chez les cavistes.

Halloumi Fromage de brebis ou de chèvre, originaire de Chypre. Il est meilleur cuisiné – grillé ou frit – et se déguste chaud car il devient caoutchouteux en refroidissant.

Lentilles du Puy Petites lentilles vertes, rondes et plates. On les trouve aussi bien en grandes surfaces que dans les magasins bio. Contrairement aux haricots secs, elles n'ont pas besoin d'être trempées avant la cuisson.

Mascarpone Fromage crémeux utilisé dans la cuisine italienne. Il ne caille pas à la cuisson.

Mirin Alcool de riz utilisé dans la cuisine japonaise. On le trouve dans certaines grandes surfaces, dans les épiceries asiatiques et les magasins bio.

Nouilles hokkien Ces nouilles aux œufs chinoises sont emballées sous vide afin de conserver toute leur fraîcheur. On les trouve dans les rayons frais des supermarchés asiatiques. Vous pouvez les utiliser sèches, mais il faudra alors doubler les quantités données dans la recette.

Pak choi Ces choux aux feuilles vert foncé et un bulbe de tiges blanches croquantes se trouvent toute l'année dans les supermarchés asiatiques. Ils sont pleins de vitamines, dont A et C, et riches en calcium, fer et acide folique (vitamine B9).

Sauce « jerk » Mélange d'épices utilisé aux Antilles que l'on trouve dans les épiceries spécialisées. On peut la remplacer par de la sauce barbecue.

Sirop de fleurs de sureau Liqueur parfumée à base de fleurs de sureau que l'on trouve dans les magasins bio.

Sumac Les graines de sumac, épice du Proche-Orient, d'un rouge profond, ont un goût acidulé proche du citron. On le trouve au rayon épices des supermarchés, ou dans les épiceries grecques ou turques.

petits déjeuners & brunchs

pancakes au bacon

Pour **4 personnes**
Préparation **5 minutes**
Cuisson **15 minutes**

300 g de **farine**
2 ½ c. à c. de **levure**
½ c. à c. de **sel**
1 **œuf** légèrement battu
25 g de **beurre** fondu
huile d'olive en spray
425 ml de **lait**
8 tranches de **bacon fumé**
sirop d'érable pour servir

Tamisez la farine, la levure et le sel dans un saladier. Creusez un puits au milieu, versez dedans l'œuf et le lait, et incorporez-les petit à petit. Continuez à battre jusqu'à obtention d'une pâte lisse. Incorporez le beurre fondu.

Faites chauffer une poêle à fond épais, vaporisez-la légèrement d'huile d'olive en spray et versez 100 ml environ de pâte à pancakes. Faites cuire à feu moyen 1 à 2 minutes jusqu'à ce que de petites bulles apparaissent à la surface. Retournez le pancake et laissez cuire encore 1 à 2 minutes jusqu'à ce que le dessous soit bien doré. Retirez le pancake de la poêle et réservez au four préalablement chauffé à 150 °C pendant que vous faites cuire les autres pancakes. Vous devez en obtenir 8 au total.

Pendant ce temps, faites cuire les tranches de bacon sous le gril du four 2 minutes sur chaque face pour qu'il soit bien doré.

Servez les pancakes recouverts de bacon et arrosez de sirop d'érable.

Pour des pancakes aux fruits rouges, préparez la pâte à pancakes et faites-les cuire comme indiqué ci-dessus. Pendant ce temps, mélangez 250 g de fruits rouges avec du sucre glace dans une casserole et faites chauffer à feu doux 2 à 3 minutes jusqu'à obtenir un coulis moelleux et juteux. Servez les pancakes recouverts de coulis de fruits rouges et de yaourt à la grecque.

œufs brouillés au saumon fumé

Pour **1 personne**
Préparation **10 minutes**
Cuisson **3 à 4 minutes**

15 g de **beurre**
3 gros **œufs**
1 c. à s. de **lait**
25 à 40 g de **saumon fumé** coupé en fines lanières
1 c. à c. de **ciboulette** finement hachée
1 c. à s. de **crème liquide** (facultatif)
1 ou 2 **toasts** chauds beurrés
sel et **poivre**

Faites fondre le beurre dans une casserole à feu doux jusqu'à ce qu'il mousse.

Cassez les œufs dans un bol et battez-les bien à la fourchette. Ajoutez le lait. Salez et poivrez.

Versez les œufs dans le beurre moussant et faites cuire sans cesser de remuer avec une cuillère en bois. Grattez le fond de la casserole en ramenant les œufs du bord vers le centre. Les œufs sont prêts lorsqu'ils sont encore crémeux et à peine pris.

Retirez la casserole du feu et incorporez le saumon et la ciboulette, et, éventuellement, la crème. Disposez le toast chaud sur une assiette chaude et tartinez-le d'œufs brouillés. Servez immédiatement.

Pour des œufs brouillés au chèvre et aux fines herbes, préparez les œufs brouillés comme indiqué ci-dessus. Quand ils sont prêts, retirez la casserole du feu et incorporez 100 g de chèvre frais et 2 cuillerées à soupe d'herbes hachées. Tartinez un toast chaud avec le mélange et servez immédiatement.

röstì aux œufs et au jambon

Pour **2 personnes**
Préparation **10 minutes**
Cuisson **10 à 12 minutes**

500 g de **pommes de terre** à chair ferme, pelées (bintje ou désirée)
25 g de **beurre**
2 **œufs**
2 tranches de **jambon fumé**
sel et **poivre**
ketchup pour servir

Râpez les pommes de terre avec une râpe universelle à gros trous et posez-les sur un torchon propre. Enroulez-les dans un torchon en pressant pour retirer l'excès d'humidité. Mettez-les dans un saladier. Salez et poivrez.

Faites fondre le beurre dans une grande poêle antiadhésive. Divisez le mélange de pommes de terre en quatre et formez 4 galettes de 10 cm de diamètre. Faites revenir dans la poêle à feu moyen 5 à 6 minutes de chaque côté jusqu'à ce que les galettes soient légèrement dorées.

Pendant ce temps, faites pocher ou frire les œufs.

Servez 2 röstis par personne, recouverts d'un œuf et d'une tranche de jambon fumé et d'un peu de ketchup.

Pour des röstis de patate douce aux œufs et aux épinards, râpez 250 g de patate douce et 250 g de patate à chair ferme et mélangez le tout. Préparez et faites cuire les röstis comme indiqué ci-dessus. Servez les röstis recouverts d'un œuf poché et d'une poignée de pousses d'épinards.

asperges aux œufs frits

Pour **4 personnes**
Préparation **10 minutes**
Cuisson **10 minutes**

500 g de **pointes d'asperges** pelées
huile d'olive
4 **œufs** froids
sel et **poivre**
copeaux de **parmesan** pour servir

Faites blanchir les asperges 2 minutes dans de l'eau bouillante salée. Égouttez-les et rincez-les sous un filet d'eau froide. Égouttez-les de nouveau, épongez-les avec du papier absorbant et roulez-les dans un peu d'huile d'olive.

Faites cuire les asperges sur un gril en fonte bien chaud, ou au barbecue, 2 à 3 minutes de chaque côté. Elles doivent rester croquantes. Réservez-les et laissez-les refroidir légèrement.

Faites chauffer de l'huile d'olive dans une poêle à frire jusqu'à ce qu'elle commence presque à fumer. Cassez un œuf dans un bol puis faites-le glisser dans la poêle (attention aux projections d'huile). Répétez l'opération avec les autres œufs. Quand le pourtour des œufs est doré et crépite, baissez le feu, couvrez et laissez cuire encore 1 minute.

Retirez-les de la poêle à l'aide d'une écumoire et égouttez-les sur du papier absorbant. Les jaunes d'œufs doivent être pris mais rester coulants à l'intérieur. Répartissez les asperges sur 4 assiettes chaudes et recouvrez d'un œuf frit. Poivrez et parsemez de copeaux de parmesan. Servez avec un petit pot de fleur de sel pour les œufs.

sandwichs à la dinde

Pour **4 personnes**
Préparation **5 minutes**
Cuisson **8 minutes**

4 **petits pains ronds**
2 c. à s. de **moutarde en grains**
2 c. à s. de **sauce aux cranberries**
200 g de **poitrine de dinde** cuite et émincée
125 g de **cheddar** râpé ou de **gruyère**

Séparez les petits pains en deux, badigeonnez une moitié de moutarde et l'autre de sauce aux cranberries. Posez sur une moitié de pain les tranches de dinde, recouvrez de fromage et refermez le sandwich.

Faites chauffer une poêle à sec. Quand elle est bien chaude, mettez le sandwich et faites-le dorer à feu moyen 4 minutes sur chaque face jusqu'à ce que le fromage soit fondu. Servez chaud.

Pour une version avocat-bleu-épinard, séparez les pains en deux, beurrez légèrement chaque face. Écrasez 1 avocat dénoyauté et émincé, 50 g de bleu émietté et 2 cuillerées à soupe de crème fraîche épaisse. Badigeonnez de cette sauce les moitiés de pain et ajoutez quelques feuilles d'épinards. Fermez et faites cuire comme ci-dessus jusqu'à ce que la garniture commence à couler.

tortilla au manchego

Pour **4 personnes**
Préparation **15 minutes**
+ refroidissement
Cuisson **20 minutes**

1 **oignon** finement émincé
1 **piment vert** égrené et finement émincé + un peu pour servir
les grains de 1 **épi de maïs frais** ou 4 c. à s. de maïs en boîte
10 **œufs** battus
25 g de **beurre**
75 g de **manchego** émietté + quelques copeaux pour servir
1 c. à s. de **coriandre** fraîche hachée + un peu pour servir
8 **tortillas de blé** réchauffées au four
sel et **poivre**
ciboulette émincée pour décorer
4 c. à s. de **sauce aux piments doux**

Mélangez l'oignon, le piment et les grains de maïs avec les œufs battus dans un saladier. Salez et poivrez bien.

Faites fondre le beurre dans une grande casserole jusqu'à ce qu'il mousse. Ajoutez le mélange au maïs et faites cuire à feu moyen sans cesser de remuer jusqu'à obtenir des œufs brouillés mais encore crémeux.

Retirez immédiatement du feu et mélangez avec le manchego émietté et la coriandre.

Servez immédiatement sur les tortillas chaudes parsemées de rondelles de piment, de coriandre fraîche, de ciboulette et de copeaux de manchego. Recouvrez de sauce aux piments doux.

Pour un guacamole maison à servir avec les tortillas à la place de la sauce aux piments doux, mettez 1 avocat dénoyauté et coupé en deux dans un blender avec 1 gousse d'ail pilée, 1 piment rouge égrené et émincé, le jus de 1 citron vert, 1 cuillerée à soupe de coriandre fraiche hachée, du sel et du poivre. Mixez jusqu'à obtenir un guacamole bien onctueux et mettez dans un bol. Incorporez 1 tomate épépinée et finement émincée.

tartinettes croustillantes œufs-bacon

Pour **4 personnes**
Préparation **10 minutes**
Cuisson **35 minutes**

huile d'olive en spray
16 tranches de **pain de mie**
150 g de **bacon fumé** en tranches, découenné et coupé en morceaux
2 **œufs**
125 g de **crème fraîche** épaisse
2 c. à s. de **parmesan** fraîchement râpé
8 **tomates cerises** en grappe
sel et **poivre**

Vaporisez légèrement un moule à muffins d'huile d'olive. Découpez la croûte du pain et réservez. Aplatissez les tranches de pain avec un rouleau à pâtisserie. Badigeonnez chaque tranche de beurre fondu. Placez 2 tranches de pain en croix au fond de chaque moule à muffins huilé en pressant délicatement (les tranches de pain doivent remonter sur les bords).

Faites cuire les tranches de pain 12 à 15 minutes dans un four préchauffé à 200 °C.

Pendant ce temps, faites chauffer une poêle à sec. Mettez le bacon et faites revenir 2 à 3 minutes jusqu'à ce qu'il soit croustillant et doré.

Répartissez le bacon sur les tartinettes cuites dans les moules à muffins. Fouettez ensemble les œufs, la crème et le parmesan dans un saladier. Salez et poivrez. Versez sur les tartinettes et décorez de 1 tomate cerise. Enfournez 15 minutes jusqu'à ce qu'elles soient prises.

Pour des tartinettes œufs-épinards, préparez les tartinettes et faites-les cuire comme indiqué ci-dessus. Pendant ce temps, faites fondre 15 g de beurre dans une poêle, ajoutez 125 g de pousses d'épinards et faites revenir à feu doux 2 à 3 minutes jusqu'à ce qu'ils aient bien réduit de volume. Égouttez soigneusement et faites-les sécher sur du papier absorbant. Fouettez ensemble les œufs, la crème et le fromage dans un saladier comme ci-dessus. Salez et poivrez puis versez sur les épinards. Enfournez 15 minutes.

tartelettes épinards-feta

Pour **4 personnes**
Préparation **15 minutes**
Cuisson **20 minutes**

250 g de **feuilles d'épinards** surgelées puis décongelées
125 g de **feta** coupée en dés
2 c. à s. de **mascarpone**
1 pincée de **noix de muscade** fraîchement râpée
4 feuilles de **pâte filo**, décongelée si surgelée
50 g de **beurre** fondu
4 **œufs**
sel et **poivre**

Égouttez les épinards et pressez-les pour faire sortir l'eau, puis émincez-les. Mettez les épinards dans un saladier et mélangez-les avec la feta, le mascarpone et la noix de muscade. Salez et poivrez.

Superposez les feuilles de pâte filo les unes sur les autres, badigeonnez chaque feuille de beurre fondu à l'aide d'un pinceau. Découpez 4 cercles de 15 cm de diamètre en utilisant une soucoupe.

Répartissez le mélange aux épinards sur les disques de pâte filo en laissant 2,5 cm de libre tout autour. Relevez les bords au-dessus de la garniture et formez un trottoir. Formez un petit puits dans la garniture.

Déposez les tartelettes sur du papier sulfurisé et faites-les cuire 8 minutes dans un four préchauffé à 200 °C.

Retirez du four et cassez soigneusement un œuf dans chaque trou. Remettez au four 8 à 10 minutes de plus jusqu'à ce que les œufs soient pris.

Pour des aumônières épinards-chèvre, préparez les épinards comme ci-dessus, puis mélangez-les avec 125 g de chèvre frais, 2 cuillerées à soupe de mascarpone et 1 pincée de cumin moulu. Salez et poivrez. Découpez la pâte filo comme ci-dessus et répartissez le mélange d'épinards sur la moitié de chaque disque. Repliez avec soin la pâte sur la garniture et retournez les bords pour fermer. Faites cuire au four comme ci-dessus et servez avec des quartiers de citrons à presser et du yaourt à la grecque.

œufs bénédicte

Pour **4 personnes**
Préparation **5 minutes**
Cuisson **15 minutes**

8 tranches épaisses de **jambon cuit**
4 **muffins** ou **brioches**
25 g de **beurre**
8 **œufs pochés** chauds
ciboulette ciselée pour décorer

Sauce hollandaise
3 **jaunes d'œufs**
1 c. à s. d'**eau froide**
125 g de **beurre** ramolli
1 grosse pincée de **sel**
2 pincées de **poivre de Cayenne**
1 c. à c. de **jus de citron**
1 c. à c. de **crème liquide**

Faites griller les tranches de jambon sous le gril du four préchauffé 2 à 3 minutes sur chaque face. Mettez-les dans un plat allant au four et maintenez-les au chaud dans le bas du four.

Préparez la sauce. Battez les jaunes d'œufs et l'eau au bain-marie sur de l'eau frémissante jusqu'à obtenir un mélange jaune pâle. Ajoutez le beurre petit à petit, et continuez à battre jusqu'à ce que la sauce épaississe. Ajoutez le sel, 1 pincée de poivre de Cayenne et le jus de citron. Incorporez la crème liquide. Retirez du feu et réservez au chaud.

Coupez les muffins ou les brioches en deux, faites-les griller, puis beurrez-les. Disposez-les sur des assiettes chaudes. Posez une tranche de jambon sur chaque moitié de muffin et recouvrez d'un œuf poché. Nappez chaque œuf d'un peu de sauce hollandaise. Parsemez du reste de poivre de Cayenne et de ciboulette ciselée. Servez aussitôt.

muesli aux fruits rouges

Pour **4 personnes**
Préparation **10 minutes**
Cuisson **8 à 9 minutes**

huile d'olive en spray
200 g de **flocons d'avoine**
100 g de **mélange de fruits à coque**, grillés et grossièrement moulus
1 c. à c. de **sirop d'érable** + un peu pour servir
300 ml de **lait** + un peu pour servir
150 g de **fruits rouges**
yaourt à la grecque pour servir

Vaporisez légèrement la plaque du four d'huile d'olive. Mettez les flocons d'avoine et les fruits à coque dans un bol puis mélangez-les au sirop d'érable. Étalez le mélange sur un torchon et faites cuire 5 minutes dans un four préchauffé à 180 °C.

Retirez du four et mélangez bien. Remettez au four et faites cuire 3 à 4 minutes de plus jusqu'à ce que le muesli soit légèrement grillé. Laissez refroidir.

Répartissez le muesli dans 4 bols et versez le lait dessus. Ajoutez les fruits rouges et servez avec le yaourt à la grecque et un trait de sirop d'érable.

Pour un muesli Bircher, mettez les céréales et les noisettes dans un bol et mélangez-les avec le sirop d'érable comme indiqué ci-dessus, puis ajoutez 600 ml de lait. Laissez tremper au moins 2 heures ou la nuit entière au réfrigérateur. Servez le muesli recouvert de fruits de votre choix et de yaourt nature.

pêches grillées

Pour **4 personnes**
Préparation **2 minutes**
Cuisson **4 à 5 minutes**

6 grosses **pêches** mûres
2 c. à s. de **miel** liquide
+ un peu pour servir
2 c. à c. de **cannelle**
moulue

Pour servir
125 g de **yaourt à la grecque**
la pulpe de 2 **fruits de la Passion**

Coupez les pêches en deux et retirez les noyaux. Disposez les moitiés de pêches, face bombée vers le bas, sur la plaque du four recouverte de papier d'aluminium, arrosez d'un filet de miel et saupoudrez de cannelle.

Passez sous le gril du four 4 à 5 minutes jusqu'à ce que les pêches soient légèrement grillées.

Versez dans des bols, recouvrez chaque demi-pêche de yaourt à la grecque, d'un filet de miel et de la pulpe de fruits de la Passion.

Pour des figues grillées et sirop d'érable-noix de pécan, coupez 6 figues mûres en deux et arrosez-les de 2 cuillerées à soupe de sirop d'érable. Passez-les 2 à 3 minutes sous le gril du four préchauffé jusqu'à ce qu'elles soient ramollies. Disposez-les dans des assiettes et recouvrez-les de crème fraîche, de quelques noix de pécan grillées concassées et d'un filet de sirop d'érable.

muffins au chocolat pimenté

Pour **8 muffins**
Préparation **10 minutes**
Cuisson **20 minutes**

200 g de **farine à levure incorporée**
50 g de **cacao en poudre**
1 c. à c. de **levure chimique**
150 g de **cassonade** blonde
1 **œuf** légèrement battu
250 ml de **lait**
50 g de **beurre** fondu
125 g de **chocolat pimenté** coupé en morceaux, ou du **chocolat noir nature** et 1 pincée de **piment en poudre**
75 g de **noix de pécan**, grillées et grossièrement moulues
huile d'olive en spray

Découpez dans du papier sulfurisé un carré de 15 cm de côté, servez-vous-en de modèle pour en découper 7 autres identiques. Pliez-les en quatre. Ouvrez-les à plat et réservez-les.

Tamisez la farine, le cacao et la levure dans un saladier puis incorporez la cassonade. Battez ensemble l'œuf, le lait et le beurre fondu dans un bol, puis mélangez grossièrement avec les ingrédients secs (attention à ne pas trop mélanger). Incorporez le chocolat et les noix de pécan.

Vaporisez chaque carré de papier sulfurisé d'huile d'olive puis enfoncez chaque carré de papier dans un moule à muffins. Remplissez les alvéoles de pâte chocolatée et enfournez dans un four préchauffé à 200 °C pendant 20 minutes jusqu'à ce que les muffins soient gonflés et dorés. Laissez tiédir sur une grille métallique et servez chaud.

Pour des muffins au chocolat blanc et aux framboises, tamisez 250 g de farine à levure incorporée et 1 cuillerée à café de levure chimique dans un saladier et ajoutez 150 g de cassonade blonde. Mélangez 1 œuf légèrement battu, 250 ml de lait et 50 g de beurre fondu, puis incorporez grossièrement ce mélange aux ingrédients secs (attention à ne pas trop mélanger). Incorporez 125 g de chocolat blanc coupé en morceaux et 125 g de framboises. Faites cuire au four comme indiqué ci-dessus et servez chaud.

soupes & plats uniques

côtes de porc rôties

Pour **4 personnes**
Préparation **10 minutes**
Cuisson **45 à 50 minutes**

750 g de **pommes de terre** épluchées
2 c. à s. d'**huile d'olive** vierge extra
4 grandes **côtes de porc** de 250 g chacune
125 g de **bacon fumé**, découenné et coupé en morceaux
1 gros **oignon** émincé
2 gousses d'**ail** émincées
2 c. à c. d'**origan** séché
le **zeste** râpé et le **jus** de 1 **citron**
250 ml de **bouillon de poule** (voir page 44 pour une recette de bouillon fait maison)
sel et **poivre**
quelques branches de **thym** pour décorer (facultatif)

Coupez les pommes de terre en cubes de 2,5 cm. Faites chauffer l'huile d'olive dans un plat à rôtir résistant au feu. Faites-y cuire les côtes de porc à feu vif 1 à 2 minutes sur chaque face jusqu'à ce qu'elles soient bien dorées. Retirez-les du plat à l'aide d'une écumoire.

Baissez le feu, ajoutez le bacon et l'oignon puis faites revenir 3 à 4 minutes en remuant jusqu'à ce qu'ils soient dorés. Ajoutez les pommes de terre, l'ail, l'origan et le zeste de citron. Ajoutez le jus de citron et le bouillon de poule. Salez et poivrez légèrement.

Mettez le plat dans le four préchauffé à 180 °C et faites cuire 20 minutes sans couvrir. Posez les côtes de porc dessus et faites cuire 20 minutes de plus jusqu'à ce que le porc et les pommes de terre soient entièrement cuits.

Pour des côtes de porc aux patates douces rôties à la sauge, remplacez les pommes de terre par 750 g de patates douces, épluchées et coupées en cubes. Cuisinez-les comme indiqué ci-dessus. Suivez la recette, mais remplacez l'origan par de la sauge ciselée.

ragoût de lentilles, poulet et légumes

Pour **6 personnes**
Préparation **15 minutes**
Cuisson **2 heures**

1 kg de **cuisses de poulet** désossées, sans la peau et coupées en deux
2 c. à s. de **farine**, salée et poivrée
3 c. à s. d'**huile d'olive**
1 gros **oignon** émincé
2 **carottes** émincées
2 bâtons de **céleri** émincé
2 gousses d'**ail** écrasées
150 ml de **vin blanc sec**
1 litre de **bouillon de poule** (pour un bouillon maison, voir ci-dessous)
1 c. à s. de **romarin** haché
150 g de **lentilles du Puy**
sel et **poivre**

Saupoudrez le poulet de farine assaisonnée de façon à l'enrober légèrement.

Faites chauffer la moitié de l'huile d'olive dans une casserole et ajoutez le poulet en deux fois. Faites cuire à feu moyen-vif pendant 5 minutes jusqu'à ce qu'il soit doré des deux côtés. Retirez le poulet de la casserole à l'aide d'une écumoire.

Réduisez à feu moyen et ajoutez le reste d'huile dans la casserole. Ajoutez l'oignon, les carottes, le céleri et l'ail. Salez et poivrez. Faites revenir 5 minutes sans cesser de remuer. Ajoutez le vin, le bouillon, le romarin et les lentilles. Remettez le poulet dans la casserole.

Portez à ébullition en remuant, baissez le feu, couvrez et laissez frémir à feu doux 1 h 30 jusqu'à ce que les lentilles et les légumes soient bien tendres.

Pour 1 litre de bouillon de poule fait maison, découpez la carcasse de poulet en trois ou en quatre morceaux et mettez-les dans un grand faitout avec les éventuels restes de chair du poulet, 1 oignon, 2 grosses carottes et 1 gros bâton de céleri coupé en gros morceaux, 1 feuille de laurier, quelques brins de persil légèrement écrasés, 1 branche de thym et 1,8 litre d'eau froide. Portez à ébullition, écumez en surface. Baissez le feu et laissez frémir, à découvert, pendant 2 heures. Passez au chinois et laissez refroidir complètement avant de mettre au réfrigérateur. Quand le bouillon a refroidi, retirez la couche de graisse qui s'est formée à la surface.

cabillaud au four tomates olives

Pour **4 personnes**
Préparation **5 minutes**
Cuisson **15 minutes**

250 g de **tomates cerises** coupées en deux
100 g d'**olives noires** dénoyautées
2 c. à s. de **câpres en saumure** égouttées
4 brindilles de **thym** + quelques feuilles pour décorer
4 filets de **cabillaud** de 175 g chacun
2 c. à s. d'**huile d'olive** vierge extra
2 c. à s. de **vinaigre balsamique**
sel et **poivre**

Mélangez les tomates cerises, les olives, les câpres et les brindilles de thym dans un plat à rôtir. Mettez les filets de cabillaud dans le plat, nappez-les d'huile d'olive et de vinaigre balsamique. Salez et poivrez.

Faites cuire 15 minutes au four préchauffé à 200 °C.

Disposez le poisson, les tomates cerises et les olives sur des assiettes chaudes. Versez le jus de cuisson sur le poisson. Servez aussitôt avec du mesclun.

Pour du cabillaud vapeur au citron, déposez les filets de cabillaud sur 4 feuilles d'aluminium (4 x 30 cm). Recouvrez chaque filet de zeste de citron râpé, d'un filet de jus de citron, de 1 cuillerée à soupe d'huile d'olive vierge extra. Salez et poivrez. Fermez les bords de façon à former des papillotes et posez-les sur la plaque de four. Faites cuire 15 minutes au four préchauffé à 200 °C. Sortez du four et laissez refroidir 5 minutes. Ouvrez les papillotes et servez parsemé de persil haché.

goulasch

Pour **8 personnes**
Préparation **10 minutes**
Cuisson **2 h à 2 h 30**

4 c. à s. d'**huile d'olive**
1,5 kg de **bœuf à braiser** coupé en cubes
2 **oignons** émincés
2 **poivrons rouges** évidés, épépinés et coupés en dés
1 c. à s. de **paprika fumé**
2 c. à s. d'**origan** haché
1 c. à c. de **graines de carvi**
1 litre de **bouillon de bœuf** (pour un bouillon fait maison voir la recette ci-dessous)
5 c. à s. de **purée de tomates**
sel et **poivre**

Faites chauffer l'huile d'olive dans une cocotte, ajoutez le bœuf en trois fois, et faites revenir 5 minutes sur feu vif jusqu'à ce que toute la viande soit bien dorée. Retirez de la cocotte à l'aide d'une écumoire.

Ajoutez les oignons et les poivrons dans la cocotte. Faites cuire doucement pendant 10 minutes jusqu'à ce qu'ils soient fondants. Ajoutez le paprika, l'origan et les graines de carvi puis faites cuire encore 1 minute en remuant.

Remettez la viande dans la cocotte, ajoutez le bouillon, la purée de tomates, du sel et du poivre puis portez à ébullition en remuant. Réduisez le feu, couvrez et laissez frémir doucement 1 h 30 à 2 h. Vous pouvez retirer le couvercle les dernières 30 minutes si vous souhaitez une sauce plus épaisse.

Pour 1,5 litre de bouillon de bœuf fait maison, mettez 750 g de jarret de bœuf, 2 oignons émincés, 2-3 carottes coupées en morceaux, 2 bâtons de céleri coupés en gros morceaux, 1 feuille de laurier, 1 bouquet garni, 4 à 6 grains de poivre noir et 1,8 litre d'eau froide dans un grand faitout. Portez doucement à ébullition, baissez le feu, couvrez avec un couvercle bien hermétique et laissez frémir 2 heures à feu doux, en écumant en surface. Passez au chinois et laissez refroidir avant de réserver au réfrigérateur.

haricots moutardés à la mélasse

Pour **6 personnes**
Préparation **10 minutes**
Cuisson **1 heure 35**

1 **carotte** coupée en dés
1 branche de **céleri** haché
1 **oignon** émincé
2 gousses d'**ail** pilées
800 g de **graines de soja** en boîte, égouttées
700 g de **purée de tomates** en bocal
75 g de **bacon fumé**, tranché et coupé en dés
2 c. à s. de **black treacle** (mélasse brune anglaise)
2 c. à c. de **moutarde de Dijon**
sel et **poivre**

Mettez tous les ingrédients dans une casserole et portez doucement à ébullition en remuant de temps en temps.

Couvrez et enfournez dans un four préchauffé à 160 °C pour 1 heure.

Retirez le couvercle puis faites cuire 30 minutes de plus. Servez avec du pain frotté à l'ail.

Pour du pain frotté à l'ail à servir avec les haricots, faites chauffer un gril en fonte. Quand il est bien chaud, faites griller dessus des tranches épaisses de pain au levain 2 minutes de chaque côté jusqu'à ce que le pain soit légèrement carbonisé. Frottez chaque tranche de pain avec 1 ou 2 gousses d'ail pelées et nappez d'un filet d'huile d'olive.

ragoût de bœuf à la bière

Pour **4 personnes**
Préparation **10 minutes**
Cuisson **2 heures 15**

1 kg de **bœuf à braiser** coupé en cubes
3 c. à s. de **farine**, salée et poivrée
2 c. à s. d'**huile d'olive**
500 g de petits **oignons en pickles**, égouttés
2 **carottes** coupées en gros morceaux
300 ml de **bière**
600 ml de **bouillon de bœuf** (voir page 48 pour une recette de bouillon fait maison)
4 c. à s. de **purée de tomates**
1 c. à s. de **sauce Worcestershire**
2 feuilles de **laurier**
sel et **poivre**
quelques brins de **persil** frais haché pour décorer

Saupoudrez la viande de farine de façon à l'enrober légèrement.

Faites chauffer l'huile d'olive dans une grande cocotte, ajoutez le bœuf, en trois fois, et faites cuire à feu vif 5 minutes jusqu'à ce que toute la viande soit dorée. Retirez la viande de la casserole à l'aide d'une écumoire.

Ajoutez les oignons et les carottes, mélangez bien puis versez petit à petit la bière et le bouillon de bœuf. Portez à ébullition. Ajoutez la purée de tomates, la sauce Worcestershire et les feuilles de laurier. Salez et poivrez.

Couvrez et placez dans le four préchauffé à 160 °C puis faites cuire 2 heures, en remuant à mi-cuisson. Décorez avec du persil et servez avec de la polenta crémeuse (voir ci-dessous).

Pour de la polenta crémeuse à servir avec le ragoût, portez 1 litre d'eau à ébullition dans une grande casserole, ajoutez 2 cuillerées à café de sel et fouettez petit à petit 175 g de polenta, en mélangeant sans cesse jusqu'à ce que le mélange forme des bulles. Faites cuire 5 minutes, retirez du feu et ajoutez 50 g de beurre et 4 cuillerées à soupe de parmesan fraîchement râpé. Rectifiez l'assaisonnement.

riz au poulet cuit au four

Pour **4 personnes**
Préparation **15 minutes**
Cuisson **1 heure**

8 **cuisses de poulet** désossées, sans peau (750 g au total)
8 tranches de **bacon** découenné
2 c. à s. d'**huile d'olive**
250 g de **riz à longs grains**
1 **oignon** émincé
2 gousses d'**ail** pilées
1 c. à c. de **curcuma** en poudre
le **zeste** râpé et le **jus** de ½ **citron**
500 ml de **bouillon de poule** (voir page 44 pour une recette de bouillon fait maison)
1 c. à s. de **coriandre** fraîche hachée
sel et **poivre**

Enveloppez chaque cuisse de poulet d'une tranche de bacon en le faisant tenir à l'aide d'un pic en bois.

Faites chauffer l'huile d'olive dans un plat allant au four, ajoutez le poulet et faites cuire à feu vif 5 minutes jusqu'à ce que la viande soit dorée sur toutes les faces. Retirez le poulet à l'aide d'une écumoire.

Ajoutez le riz dans le plat et faites-le revenir à feu doux pendant 1 minute. Ajoutez l'oignon, l'ail, le curcuma, le zeste de citron et le bouillon de poule. Salez et poivrez. Déposez le poulet sur le riz en appuyant doucement.

Recouvrez de papier d'aluminium et mettez le couvercle. Placez au four préchauffé à 180 °C et faites cuire pendant 50 minutes.

Sortez le plat du four et ajoutez la coriandre et le jus de citron. Retirez les pics en bois et servez avec une sauce au yaourt à l'ail (voir ci-dessous).

Pour la sauce au yaourt à l'ail à servir avec le riz, mélangez dans un grand bol 150 g de yaourt à la grecque avec 1 cuillerée à café de zeste de citron râpé, 1 gousse d'ail pilée, 2 cuillerées à café de jus de citron et 1 cuillerée à soupe de persil ciselé. Salez et poivrez.

soupe de potiron au bacon

Pour **4 personnes**
Préparation **10 minutes**
Cuisson **30 minutes**

1 kg de **potiron**, épluché et épépiné
2 c. à s. d'**huile d'olive** vierge extra
1 gros **oignon** émincé
2 gousses d'**ail** pilées
½ c. à c. de **paprika fumé**
1,25 litre de **bouillon de poule** (voir page 44 pour une recette de bouillon fait maison)
4 tranches de **bacon** découenné
sel et **poivre**

Découpez le potiron en cubes de 2,5 cm et mettez-les dans un plat à rôtir. Ajoutez 1 cuillerée à soupe d'huile d'olive et mélangez bien. Faites rôtir dans un four préchauffé à 200 °C.

Pendant ce temps, faites chauffer 1 cuillerée à soupe d'huile d'olive restante dans un faitout, ajoutez l'oignon, l'ail, le paprika et 1 pincée de sel et de poivre puis faites cuire doucement pendant 10 minutes jusqu'à ce que l'ensemble soit fondant.

Ajoutez le potiron cuit et le bouillon de poule dans le faitout, laissez mijoter 5 minutes. Mettez dans un robot ou un blender et mixez jusqu'à obtenir une texture lisse.

Pendant ce temps, faites cuire le bacon sous le gril du four jusqu'à ce qu'il soit croustillant.

Versez la soupe dans des bols chauds. Brisez les tranches de bacon en morceaux et répartissez-les dans les bols. Agrémentez la soupe d'un filet d'huile d'olive.

Pour une soupe au potiron avec une sauce aux olives, mélangez dans un bol 125 g d'olives noires dénoyautées et émincées, 2 cuillerées à soupe d'huile d'olive vierge extra, le zeste râpé de ½ citron, 1 cuillerée à soupe de persil haché. Poivrez. Préparez la soupe au potiron en suivant la recette ci-dessus et servez-la nappée de sauce aux olives.

soupe à l'œuf, à l'ail et au paprika

Pour **4 personnes**
Préparation **10 minutes**
Cuisson **20 minutes**

4 c. à s. d'**huile d'olive**
12 grosses tranches de **baguette**
5 gousses d'**ail** émincées
1 **oignon** émincé finement
1 c. à s. de **paprika**
1 c. à c. de **cumin** en poudre
1 grosse pincée de filaments de **safran**
1,2 litre de **bouillon de légumes** (voir la recette de bouillon maison ci-dessous)
25 g de **pâtes pour la soupe**
4 **œufs**
sel et **poivre**

Faites chauffer l'huile d'olive dans une poêle à fond épais, ajoutez les tranches de pain et faites-les dorer à feu doux. Retournez-les une fois. Retirez-les de la poêle à l'aide d'une écumoire et égouttez-les sur du papier absorbant.

Mettez l'ail, l'oignon, le paprika et le cumin dans la poêle et faites revenir 3 minutes en remuant. Ajoutez le safran et le bouillon de légumes puis portez à ébullition. Incorporez les pâtes. Baissez le feu, couvrez et laissez frémir 8 minutes environ jusqu'à que les pâtes soient cuites. Salez et poivrez.

Cassez les œufs dans une soucoupe et faites-les glisser un par un dans la poêle. Faites-les cuire 2 minutes.

Empilez trois tranches de pain frit au fond de 4 bols à soupe chauds. Versez la soupe à la louche sur le pain en veillant à mettre un œuf dans chaque bol. Servez aussitôt.

Pour 1,2 litre de bouillon de légumes maison, mettez dans un grand faitout 1,5 litre d'eau froide, 625 g de légumes variés (carottes, poireaux, céleri, oignons et champignons), 1 gousse d'ail pelée entière, 8 grains de poivre noir et 1 bouquet garni. Portez à ébullition, baissez le feu et laissez frémir 30 minutes à découvert en écumant régulièrement en surface. Passez le bouillon au chinois et laissez refroidir complètement avant de mettre au réfrigérateur.

soupe de nouilles au poulet

Pour **4 personnes**
Préparation **10 minutes**
+ refroidissement
Cuisson **40 minutes**

2 quarts de **poulet** (750 g au total)
1 **oignon** émincé
4 gousses d'**ail** pilées
3 rondelles de **gingembre** frais broyé
2 litres d'**eau froide**
125 g de **nouilles sèches aux œufs**
2 c. à s. de **sauce soja** allégée en sel
1 petit **piment oiseau,** égrené et émincé
2 **ciboules** émincées
2 c. à s. de feuilles de **coriandre** fraîche
sel et **poivre**

Dans un grand faitout, portez à ébullition le poulet, l'oignon, l'ail, le gingembre, l'eau, du sel et du poivre. Réduisez le feu et laissez cuire 30 minutes à découvert, à petit feu, en écumant régulièrement en surface.

Retirez le poulet et passez le bouillon au chinois. Laissez refroidir. Retirez la peau du poulet et effilochez la chair.

Faites cuire les nouilles 6 minutes dans de l'eau bouillante. Égouttez-les puis répartissez-les dans 4 bols.

Faites chauffer le bouillon dans une casserole avec la sauce soja. Ajoutez le poulet et laissez cuire à petit feu 5 minutes.

Versez le bouillon et le poulet sur les nouilles et parsemez de piment, de rondelles de ciboules et de feuilles de coriandre. Servez immédiatement.

Pour une soupe de nouilles au poulet thaï, faites cuire les quarts de poulet comme ci-dessus, en ajoutant 6 feuilles de combava ciselées. Passez le bouillon au chinois, retirez la peau du poulet et effilochez la chair. Faites chauffer le bouillon dans une casserole avec 2 cuillerées à soupe de nuoc-mâm, le jus de ½ citron vert, 2 cuillerées à café de sucre en poudre et 1 piment oiseau égrené et coupé en rondelles. Remettez le poulet et laissez cuire à petit feu 5 minutes. Préparez 125 g de nouilles de riz. Servez les nouilles avec le bouillon et le poulet. Décorez de piment, de coriandre et de combava coupées en morceaux.

gaspacho

Pour **4 personnes**
Préparation **10 minutes**
+ refroidissement
Cuisson **25 minutes**

750 g de **tomates** mûres
1 gros bulbe de **fenouil**
300 ml d'**eau bouillante salée**
¾ de c. à c. de **graines de coriandre**
½ c. à c. d'un mélange de **grains de poivre**
1 c. à s. d'**huile d'olive** vierge extra
1 grosse gousse d'**ail** pilée
1 petit **oignon** émincé
1 c. à s. de **vinaigre balsamique**
1 c. à s. de **jus de citron**
¾ de c. à c. d'**origan** haché + quelques feuilles pour servir
1 c. à c. de **purée de tomates**
1 c. à c. bombée de **gros sel**
olives vertes dénoyautées et coupées en morceaux

Mettez les tomates dans une grande casserole ou un saladier résistant à la chaleur et recouvrez-les d'eau bouillante. Laissez-les reposer 1 minute. Égouttez-les, retirez soigneusement la peau des tomates et hachez grossièrement la chair.

Parez les feuilles vertes du fenouil et réservez-les. Émincez finement le bulbe, mettez-le dans une casserole et recouvrez d'eau bouillante salée. Couvrez et laissez cuire 10 minutes à feu doux.

Pendant ce temps, écrasez les graines de coriandre et les grains de poivre au pilon dans un mortier. Faites chauffer l'huile d'olive dans une grande casserole, ajoutez les épices broyées, l'ail et l'oignon puis faites cuire 5 minutes à petit feu. Ajoutez ensuite le vinaigre, le jus de citron, les tomates et l'origan.

Mélangez puis ajoutez le fenouil et son eau de cuisson, la purée de tomates et le sel. Faites frémir 10 minutes à découvert.

Transférez le contenu de la casserole dans un robot ou un blender et mixez jusqu'à obtenir la consistance souhaitée. Laissez refroidir, puis réservez au réfrigérateur toute la nuit ou 7 heures au minimum. Servez le gaspacho décoré de feuilles d'origan et de morceaux d'olives vertes.

velouté de sucrine et petits pois

Pour **4 personnes**
Préparation **10 minutes**
Cuisson **20 minutes**

25 g de **beurre**
1 gros **oignon** émincé finement
425 g de **petits pois** surgelés
2 **sucrines** coupées grossièrement
1 litre de **bouillon de légumes** ou **de poule** (voir pages 58 et 44 pour les recettes du bouillon fait maison)
le **zeste** râpé et le **jus** de ½ **citron**
sel et **poivre**

Croûtons au sésame
2 grosses tranches de **pain aux céréales** coupées en cubes
1 c. à s. d'**huile d'olive**
1 c. à s. de **graines de sésame**

Préparez les croûtons. Badigeonnez d'huile d'olive les morceaux de pain et étalez-les dans un plat à rôtir. Saupoudrez le pain de graines de sésame et faites cuire 10 à 15 minutes au four préchauffé à 200 °C jusqu'à ce que les morceaux de pain soient dorés.

Pendant ce temps, faites fondre le beurre dans une grande casserole et faites revenir l'oignon 5 minutes à feu doux jusqu'à ce qu'il soit tendre. Ajoutez les petits pois, les sucrines, le bouillon, le jus et les zestes de citron. Salez et poivrez. Portez à ébullition, baissez le feu, couvrez et laissez cuire à petit feu de 10 à 15 minutes.

Laissez refroidir légèrement et versez dans un robot ou un blender et mixez jusqu'à obtenir une texture crémeuse. Remettez le velouté dans la casserole, rectifiez l'assaisonnement si nécessaire et réchauffez à feu doux. Servez dans des assiettes creuses chaudes et parsemez de croûtons au sésame.

Pour des croûtons à la ricotta et à la menthe, découpez 8 tranches fines de baguette et faites griller légèrement sous le gril du four 2 minutes de chaque côté jusqu'à ce que les morceaux soient dorés. Frottez chaque face avec 1 gousse d'ail épluchée et nappez de 1 cuillerée à soupe d'huile d'olive vierge extra. Étalez 125 g de ricotta sur les toasts et posez-en 2 dans chaque assiette. Saupoudrez le velouté de 2 cuillerées à soupe de feuilles de menthe ciselées, assaisonnez et versez un filet d'huile d'olive.

soupe rouge haricots poivrons

Pour **6 personnes**
Préparation **20 minutes**
Cuisson **40 minutes**

2 c. à s. d'**huile de tournesol**
1 gros **oignon** émincé
4 gousses d'**ail** émincées finement
2 **poivrons rouges** évidés, égrenés et coupés en dés
2 **piments rouges** égrenés et émincés finement
900 ml de **bouillon de légumes** (voir page 58 pour la recette du bouillon maison)
750 ml de **jus de tomate** ou de **coulis de tomate**
2 c. à s. de **sauce aux piments doux**, ou plus si nécessaire
400 g de **haricots rouges** en boîte, égouttés
2 c. à s. de **coriandre** fraîche ciselée finement
sel et **poivre**
le **zeste** de 1 **citron vert** découpé en lanières pour servir (facultatif)

Pour servir
75 ml de **crème fraîche** ou de **crème aigre**
tortillas chips

Faites chauffer l'huile dans un grand faitout, puis faites revenir l'oignon et l'ail 5 minutes à feu doux jusqu'à ce qu'ils soient tendres mais pas colorés. Ajoutez les poivrons et les piments et faites revenir quelques minutes. Ajoutez le bouillon, le jus ou le coulis de tomate, la sauce aux piments doux, les haricots rouges et la coriandre. Salez et poivrez. Portez à ébullition, baissez le feu, couvrez et laissez frémir 30 minutes.

Laissez refroidir légèrement, puis versez dans un robot ou un blender et mixez jusqu'à obtenir une texture crémeuse. Remettez la soupe dans le faitout, rectifiez l'assaisonnement, ajoutez un peu de sauce aux piments doux si nécessaire. Réchauffez à feu doux.

Servez dans des bols chauds et déposez un peu de crème fraîche ou aigre dans chaque bol. Garnissez de lanières de zeste de citron vert si vous le souhaitez. Servez avec les tortillas chips.

Pour des morceaux de tortillas croustillantes à servir avec la soupe, découpez 2 grandes tortillas en 12 morceaux chacune. Vaporisez d'huile d'olive en spray. Salez, poivrez et saupoudrez de 1 pincée de poivre de Cayenne. Déposez les morceaux de tortillas sur la grille du four, face épicée vers le haut, et faites griller sous le gril du four 1 à 2 minutes jusqu'à ce qu'elles soient croustillantes.

dîners prêts en 20 minutes

côtelettes de porc et poires

Pour **4 personnes**
Préparation **5 minutes**
Cuisson **15 à 20 minutes**

2 **poires williams** évidées et coupées en gros morceaux
2 c. à s. de **cassonade** blonde
4 **côtelettes de porc** de 250 g chacune
50 g de **beurre doux**
12 grandes feuilles de **sauge**
250 ml de **bouillon de poule** chaud (voir page 44 pour une recette de bouillon maison)
sel et **poivre**

Mélangez les morceaux de poire avec la cassonade et réservez. Salez et poivrez les côtelettes de porc.

Faites fondre la moitié du beurre dans une poêle et faites revenir les feuilles de sauge 3 minutes à feu vif. Retirez-les de la poêle et réservez-les.

Faites cuire les côtelettes dans la poêle à feu moyen 3 à 4 minutes de chaque côté. Retirez-les de la poêle, recouvrez-les de papier d'aluminium et gardez-les au chaud.

Faites fondre le reste de beurre dans la poêle et faites cuire les morceaux de poire pendant 2 minutes. Retirez-les de la poêle et réservez avec les côtelettes.

Versez le bouillon de poule dans la poêle et laissez mijoter 2 à 3 minutes à feu doux jusqu'à ce qu'il réduise et épaississe légèrement. Servez les côtelettes et les morceaux de poire avec la sauce puis décorez de sauge croustillante.

Pour des haricots verts à l'ail et au citron à servir en accompagnement, faites blanchir 375 g de haricots verts dans une casserole d'eau bouillante salée 2 minutes. Égouttez-les, puis passez-les sous l'eau froide. Égouttez-les de nouveau et épongez-les avec du papier absorbant. Faites chauffer 2 cuillerées à soupe d'huile d'olive vierge extra dans une grande poêle, ajoutez 2 gousses d'ail émincées et faites cuire à feu doux 3 minutes, tout en remuant. Incorporez les haricots verts et incorporez le zeste râpé de 1 citron. Salez et poivrez.

papillotes de poulet asiatique

Pour **4 personnes**
Préparation **5 minutes**
Cuisson **15 minutes**

4 **escalopes de poulet** de 250 g chacune
75 ml de **sauce soja** allégée en sel
1 c. à s. de **miel** liquide
2 gousses d'**ail** émincées
2 **piments rouges** égrenés et coupés en fines lamelles
2,5 cm de **gingembre** frais, pelé et finement râpé
4 **anis étoilés**
3 **mini pak choï** (petits choux chinois) coupés en morceaux

Entaillez les escalopes de poulet en plusieurs endroits avec un couteau. Mettez chaque escalope dans une feuille d'aluminium carrée de 30 cm de côté.

Mélangez la sauce soja, le miel, l'ail, les piments, le gingembre et les anis étoilés dans un bol, puis, à l'aide d'une cuillère, étalez ce mélange sur les escalopes.

Disposez les morceaux de pak choï sur les escalopes. Rabattez les coins de la feuille d'aluminium pour former des papillotes. Posez les 4 papillotes sur une plaque de cuisson et faites-les cuire au four préchauffé à 200 °C pendant 15 minutes.

Laissez reposer 5 minutes, puis servez les papillotes avec du riz au jasmin.

Pour des papillotes de poulet à la méditerranéenne, entaillez les escalopes comme indiqué ci-dessus, posez-les dans des feuilles d'aluminium, salez et poivrez. Déposez sur les escalopes 2 cuillerées à café d'origan séché, 2 tomates coupées en dés, 50 g d'olives noires dénoyautées, coupées en deux, et 2 cuillerées à soupe de câpres en saumure égouttées. Arrosez d'huile d'olive vierge extra. Faites cuire au four comme indiqué ci-dessus et servez avec du mesclun et du pain croustillant.

sauté de légumes au tofu

Pour **4 personnes**
Préparation **10 minutes**
Cuisson **7 minutes**

3 c. à s. d'**huile de tournesol**
300 g de **tofu ferme** coupé en cubes
1 **oignon** émincé
2 **carottes** coupées en rondelles
150 g de fleurettes de **brocoli** + la tige coupée en morceaux
1 **poivron rouge** évidé, égrené et coupé en lamelles
1 grosse **courgette** coupée en rondelles
150 g de **pois gourmands**
2 c. à s. de **sauce soja**
2 c. à s. de **sauce aux piments doux**
125 ml d'**eau**

Pour décorer
piments rouges coupés en lamelles
quelques feuilles de **basilic thaï** ou classique

Faites chauffer 1 cuillerée à soupe d'huile dans un wok ou une grande poêle jusqu'à ce qu'elle commence à fumer, ajoutez le tofu et faites sauter à feu vif pendant 2 minutes. Retirez-le de la poêle à l'aide d'une écumoire.

Faites chauffer le reste d'huile dans le wok et faites sauter l'oignon et les carottes pendant 1 minute 30. Ajoutez le brocoli et le poivron rouge puis faites sauter 1 minute. Enfin, ajoutez la courgette et les pois gourmands et faites sauter 1 minute de plus.

Mélangez la sauce soja et la sauce aux piments doux avec l'eau. Versez ce mélange dans la poêle avec le tofu. Faites cuire 1 minute. Servez dans des bols. Décorez avec les lamelles de piments rouges et les feuilles de basilic thaï.

Pour des nouilles au sésame à servir en accompagnement, mettez 375 g de nouilles aux œufs dans un saladier résistant à la chaleur, recouvrez-les d'eau bouillante et laissez-les reposer 4 minutes. Égouttez-les bien, ajoutez 1 cuillerée à soupe de sauce soja allégée en sel et 2 cuillerées à café d'huile de sésame puis mélangez. Parsemez de 1 cuillerée à soupe de graines de sésame grillées et servez.

salade de thon asiatique

Pour **4 personnes**
Préparation **10 minutes**
+ marinade
Cuisson **1 minute**

375 g de **steak de thon** frais coupé dans le sens de la largeur
3 c. à s. de **sauce soja**
1 c. à c. de **wasabi**
1 c. à s. de **saké** ou de **vin blanc sec**
200 g de **mesclun**
150 g de **tomates cerises jaunes** coupées en deux
1 **concombre** coupé en tranches très fines dans le sens de la longueur

Vinaigrette
2 c. à s. de **sauce soja**
1 c. à s. de **jus de citron vert**
1 c. à c. de **cassonade**
2 c. à c. d'**huile de sésame**

Mélangez le thon avec la sauce soja, le wasabi et le saké ou le vin dans un saladier. Couvrez et laissez mariner 10 minutes.

Disposez les feuilles de salade, les tomates cerises et le concombre dans des assiettes.

Préparez la vinaigrette. Mettez tous les ingrédients dans un bol et mélangez-les à la fourchette. Vous pouvez aussi les mettre dans un shaker pour sauce à salade. Fermer et secouer pour mélanger les ingrédients.

Faites chauffer une poêle antiadhésive à sec à feu vif, ajoutez le thon et faites-le cuire environ 10 secondes de chaque côté. Disposez le thon sur la salade et arrosez de vinaigrette avant de servir.

Pour une salade de thon thaï, ne coupez pas le thon et ne le faites pas mariner. Faites chauffer un gril en fonte. Quand il est bien chaud, posez le thon dessus et faites-le cuire à feu vif 30 secondes de chaque côté. Retirez le thon du gril et réservez-le quelques instants. Pendant ce temps, battez 1 cuillerée à soupe de nuoc-mâm, 1 cuillerée à soupe de jus de citron vert et 2 cuillerées à café de sucre en poudre dans un bol, puis ajoutez 1 piment rouge coupé en fines lamelles et 1 gousse d'ail pilée. Coupez le thon en fines tranches et disposez-les sur les feuilles de salade, les tomates et le concombre comme indiqué ci-dessus. Arrosez de vinaigrette avant de servir.

curry de poulet thaï

Pour **4 personnes**
Préparation **5 minutes**
Cuisson **15 minutes**

1 c. à s. d'**huile de tournesol**
1 c. à s. de **pâte de curry verte thaïe** (voir ci-dessous une recette maison)
6 **feuilles de combava** coupées en morceaux
2 c. à s. de **nuoc-mâm**
1 c. à s. de **cassonade** blonde
200 ml de **bouillon de poule**
400 ml de **lait de coco** en boîte
500 g de **cuisses de poulet** désossées et sans peau, émincées
125 g de **pousses de bambou** en boîte, égouttées
125 g de **mini épis de maïs** en bocal
1 grande poignée de feuilles de **basilic thaï** ou de feuilles de **coriandre** fraîche + quelques-unes pour décorer
1 c. à s. de **jus de citron vert**
1 **piment rouge** coupé en lamelles, pour décorer

Faites chauffer l'huile dans un wok ou une grande poêle, ajoutez la pâte de curry et les feuilles de combava. Faites sauter à feu doux 1 à 2 minutes jusqu'à ce que les parfums commencent à se dégager.

Ajoutez le nuoc-mâm, la cassonade, le bouillon de poule et le lait de coco, puis portez à ébullition. Baissez le feu et laissez mijoter 5 minutes à feu doux.

Ajoutez le poulet et faites cuire 5 minutes. Ajoutez les pousses de bambou et les mini épis de maïs et faites cuire encore 3 minutes.

Incorporez les feuilles de basilic ou de coriandre ainsi que le jus de citron vert, et décorez de feuilles de basilic ou de coriandre restantes et de lamelles de piment. Servez.

Pour une pâte de curry verte thaïe maison, mettez 15 petits piments verts, 4 gousses d'ail coupées en deux, 2 tiges de citronnelle finement hachées, 2 feuilles de combava coupées en morceaux, 2 échalotes émincées, 2,5 cm de gingembre frais haché finement, 2 cuillerées à café de grains de poivre noir, 1 cuillerée à café de zeste de citron vert, ½ cuillerée à café de sel et 1 cuillerée à soupe d'huile d'arachide dans un robot ou un blender. Mixez jusqu'à obtenir une pâte épaisse. Versez dans un bocal et fermez le couvercle. Vous obtenez ainsi environ 150 ml de pâte, à conserver au réfrigérateur 3 semaines au maximum.

bruschetta bœuf-brocolis

Pour **4 personnes**
Préparation **5 minutes**
Cuisson **10 minutes**

375 g de fleurettes de **brocoli**
500 g de **faux-filet de bœuf**
75 ml d'**huile d'olive** vierge extra
4 tranches de **pain au levain**
2 gousses d'**ail** émincées
1 petit **piment rouge** égrené et coupé en fines lamelles
1 c. à s. de **vinaigre balsamique**
150 g de pousses de **roquette**
sel et **poivre**

Faites blanchir les brocolis 2 minutes dans de l'eau bouillante salée. Égouttez-les bien puis passez-les sous l'eau froide. Égouttez-les de nouveau, puis épongez-les dans du papier absorbant. Réservez.

Badigeonnez la viande avec 1 cuillerée à soupe d'huile d'olive, salez et poivrez.

Faites chauffer un gril en fonte. Quand il est bien chaud, posez la viande dessus et faites-la cuire à feu vif 2 minutes de chaque côté. Retirez le gril du feu, réservez la viande 5 minutes, puis coupez-la en lanières épaisses.

Pendant ce temps, faites de nouveau chauffer le gril en fonte, déposez les tranches de pain dessus et faites-les griller 2 minutes de chaque côté.

Faites chauffer le reste d'huile dans un wok ou une grande poêle, ajoutez l'ail et le piment et faites-les sauter 1 minute. Ajoutez les brocolis et faites sauter encore 1 minute. Incorporez le vinaigre, puis retirez la poêle du feu. Mélangez les brocolis avec le bœuf et la roquette dans un saladier.

Disposez les tranches de pain sur des assiettes et recouvrez-les de salade de lanières de bœuf et servez.

saumon soja orange et nouilles

Pour **4 personnes**
Préparation **5 minutes**
Cuisson **15 minutes**

4 **pavés de saumon** sans peau de 175 g chacun
huile d'olive en spray pour graisser la poêle
250 g de **nouilles soba**
4 c. à s. de **sauce soja** foncée
2 c. à s. de **jus d'orange**
2 c. à s. de **mirin**
2 c. à s. d'**huile de sésame**
2 c. à s. de **graines de sésame**

Retirez toutes les arêtes du saumon. Mettez les pavés de saumon dans un saladier.

Faites chauffer une poêle à fond épais, puis vaporisez-la légèrement d'huile. Faites saisir les pavés de saumon 3 à 4 minutes de chaque côté jusqu'à ce qu'ils soient dorés. Retirez-les de la poêle, enveloppez-les dans du papier d'aluminium sans trop serrer et réservez-les 5 minutes.

Pendant ce temps, plongez les nouilles dans une grande casserole d'eau bouillante. Amenez à ébullition et faites cuire environ 5 minutes. Égouttez-les bien, puis mélangez-les avec l'huile et les graines de sésame.

Pendant la cuisson des nouilles, mélangez la sauce soja, le jus d'orange et le mirin. Versez ce mélange dans la poêle, portez à ébullition, puis baissez le feu et laissez mijoter 1 minute.

Répartissez les nouilles dans des bols et déposez dessus le saumon puis versez la sauce. Servez avec des pois gourmands cuits à la vapeur.

agneau à la sauce olive pignons

Pour **4 personnes**
Préparation **10 minutes**
Cuisson **9 minutes**

4 **côtelettes d'agneau** de 200 g chacune
1 c. à s. d'**huile d'olive** vierge extra
4 c. à c. d'**origan** séché

Salsa aux olives et aux pignons
3 c. à s. d'**huile d'olive** vierge extra
25 g de **pignons de pin** grillés
125 g d'**olives noires** dénoyautées, coupées en deux
2 c. à s. de **câpres en saumure** égouttées
2 c. à s. de **persil** haché
1 c. à s. de **jus de citron**

sel et **poivre**
feuilles de **roquette** pour décorer

Préparez la salsa aux olives et aux pignons. Faites chauffer 1 cuillerée à soupe d'huile d'olive dans une petite poêle, ajoutez les pignons et faites-les dorer à feu doux 30 secondes. Laissez-les refroidir.

Mélangez les pignons refroidis avec les olives, les câpres, le persil, le jus de citron et le reste d'huile dans un saladier. Salez et poivrez.

Badigeonnez les côtelettes d'huile d'olive et assaisonnez avec l'origan, du sel et du poivre. Faites chauffer un gril en fonte et faites cuire les côtelettes 4 minutes de chaque côté.

Retirez les côtelettes du gril, enveloppez-les dans du papier d'aluminium sans trop serrer, et laissez reposer pendant 5 minutes. Servez avec la salsa aux olives et aux pignons.

Pour des côtelettes d'agneau et une salade de tomates, menthe et feta, suivez la recette ci-dessus pour faire cuire les côtelettes. Pendant ce temps, mélangez 4 tomates coupées en dés, 1 gousse d'ail pilée, 125 g de feta émiettée, 50 g d'olives noires dénoyautées, 2 cuillerées à soupe de feuilles de menthe hachées, 2 cuillerées à soupe d'huile d'olive vierge extra et 2 cuillerées à café de vinaigre balsamique dans un saladier. Salez et poivrez. Mélangez bien et servez avec l'agneau.

wrap houmous poulet

Pour **4 personnes**
Préparation **5 minutes**
Cuisson **10 minutes**

6 **cuisses de poulet**, désossées et sans la peau (500 g au total)
2 c. à s. d'**huile d'olive** vierge extra
le **zeste** râpé et le **jus** de 1 **citron**
1 gousse d'**ail** pilée
1 c. à c. de **cumin** moulu
4 **tortillas de blé**
200 g de **houmous** tout prêt (voir ci-dessous une recette maison)
25 g de feuilles de **roquette sauvage**
1 poignée de feuilles de **persil plat**
sel et **poivre**

Coupez les cuisses de poulet en quatre et placez-les dans un saladier. Mélangez l'huile d'olive, le zeste de citron, l'ail et le cumin, salez et poivrez. Versez sur le poulet et mélangez bien.

Faites chauffer un gril en fonte. Enfilez les morceaux de poulet sur des brochettes en métal. Posez-les sur le gril et saisissez-les 4 à 5 minutes de chaque côté. Retirez-les du gril et laissez-les reposer 5 minutes.

Pendant ce temps, réchauffez les tortillas 5 minutes au four préchauffé à 150 °C.

Retirez le poulet des brochettes. Répartissez le houmous, les feuilles de roquette, le persil et le poulet dans les tortillas. Pressez le citron dessus, enroulez et servez.

Pour un houmous maison, mettez 400 g de pois chiches en boîte égouttés, 1 gousse d'ail pilée, 3 cuillerées à soupe d'huile d'olive vierge extra, 1 cuillerée à soupe de jus de citron, du sel et du poivre dans un robot ou un blender et mixez jusqu'à ce que l'ensemble soit onctueux.

porc sauté

Pour **2 personnes**
Préparation **8 minutes**
Cuisson **6 à 8 minutes**

1 c. à s. de **sauce hoisin**
1 c. à s. de **sauce soja** allégée en sel
1 c. à s. de **vinaigre de vin blanc**
1 c. à s. d'**huile végétale**
2 gousses d'**ail** émincées
1 c. à c. de **gingembre** frais râpé
1 petit **piment rouge** égrené et coupé en lamelles
250 g de **filet de porc** coupé en tranches fines
175 g de **pois gourmands**
175 g de **brocolis** détaillés en bouquets
2 c. à s. d'**eau**

Mélangez la sauce hoisin, la sauce soja et le vinaigre dans un bol. Réservez.

Faites chauffer l'huile dans un wok ou une grande poêle jusqu'à ce qu'elle commence à fumer. Ajoutez l'ail, le gingembre et le piment et faites-les sauter 10 secondes à feu vif. Ajoutez la viande et faites sauter 2 à 3 minutes jusqu'à ce qu'elle soit dorée. Retirez la viande du wok à l'aide d'une écumoire.

Ajoutez les pois gourmands et les brocolis dans le wok et faites sauter 1 minute. Ajoutez l'eau et réchauffez encore 1 minute.

Remettez la viande dans le wok, ajoutez la sauce soja-hoisin-vinaigre et faites mijoter 1 minute jusqu'à ce que les légumes soient cuits. Servez avec du riz à la vapeur.

Pour un rôti de porc à la sauce hoisin, préparez la sauce comme indiqué ci-dessus. Badigeonnez-en 4 filets de porc de 175 g environ. Placez-les dans un plat à gratin et faites-les rôtir 15 minutes au four préchauffé à 200 °C. Réservez 5 minutes, puis servez avec des légumes verts cuits à la vapeur et du riz.

burgers de thon sauce pesto

Pour **4 personnes**
Préparation **5 minutes**
Cuisson **4 à 6 minutes**

4 pains **ciabatta**
4 **steaks de thon** frais de 175 g chacun
1 c. à s. d'**huile d'olive** vierge extra + un filet pour l'assaisonnement
1 **citron** coupé en deux
2 **tomates** coupées en rondelles
50 g de **mesclun**
4 c. à s. de **pesto au basilic**
sel et **poivre**

Faites chauffer un gril en fonte. Coupez les pains en deux, posez-les sur le gril et faites-les griller 1 à 2 minutes de chaque côté. Disposez-les dans des assiettes.

Badigeonnez légèrement les steaks de thon d'huile d'olive, salez et poivrez. Posez-les sur le gril et faites-les cuire 1 minute de chaque côté.

Placez les steaks de thon sur les moitiés de pain, puis arrosez le thon de jus de citron. Répartissez les rondelles de tomates et les feuilles de salade sur les steaks de thon, nappez de pesto et arrosez d'un filet d'huile d'olive. Fermez les burgers et servez immédiatement.

Pour des hamburgers au poulet et à la sauce aux piments doux, coupez les pains en deux et faites-les légèrement griller sur un gril en fonte, comme indiqué ci-dessus. Coupez 2 grosses escalopes de poulet en deux, horizontalement, de façon à obtenir 4 escalopes plus fines. Badigeonnez les escalopes avec 1 cuillerée à soupe d'huile d'olive vierge extra. Salez et poivrez. Posez les escalopes sur le gril et faites-les cuire 3 minutes de chaque côté. Placez une escalope dans chaque pain, ajoutez 1 cuillerée à soupe de sauce aux piments doux et une petite poignée de mesclun.

moules au cidre

Pour **2 personnes**
Préparation **10 minutes**
Cuisson **9 minutes**

1,5 kg de petites **moules**
2 gousses d'**ail** pilées
150 ml de **cidre brut**
100 g de **crème fraîche** épaisse
2 c. à s. de **persil** haché
sel et **poivre**

Lavez les moules, puis mettez-les dans un grand faitout avec l'ail et le cidre. Portez à ébullition, couvrez et faites cuire à feu moyen 4 à 5 minutes jusqu'à ce que les coquilles s'ouvrent. Jetez toutes celles qui restent fermées après la cuisson.

Égouttez les moules dans une passoire et placez-les dans un grand récipient. Couvrez avec du papier d'aluminium et mettez au four à basse température pour les garder au chaud.

Passez le jus de cuisson au chinois au-dessus d'une casserole propre puis portez-le à ébullition. Ajoutez la crème fraîche et laissez mijoter 3 à 4 minutes jusqu'à ce qu'elle soit légèrement plus épaisse. Salez et poivrez.

Versez la sauce sur les moules, saupoudrez de persil, et servez avec du pain croustillant pour saucer.

Pour des moules aux saveurs d'Asie, lavez soigneusement les moules et placez-les dans un grand faitout avec 2 gousses d'ail émincées, 2 cuillerées à café de gingembre frais râpé, 4 ciboules hachées et 1 piment rouge coupé en lamelles. Ajoutez un peu d'eau et faites cuire comme indiqué ci-dessus. Égouttez les moules et réservez-les au chaud. Passez le jus de cuisson au chinois au-dessus d'une casserole propre. Ajoutez 100 g de crème de coco dans la casserole et réchauffez le tout. Versez la sauce sur les moules et décorez avec de la coriandre fraîche hachée.

filets de porc à la moutarde

Pour **4 personnes**
Préparation **5 minutes**
Cuisson **10 à 12 minutes**

8 tranches de **filets de porc** de 100 g chacune
15 g de **beurre**
1 c. à s. d'**huile d'olive** vierge extra
150 ml de **bouillon de poule**
120 ml de **crème fraîche épaisse**
4 c. à c. de **moutarde en grains**
1 c. à s. d'**estragon** frais haché
sel et **poivre**

Salez et poivrez les filets de porc de chaque côté.

Faites chauffer le beurre et l'huile d'olive ensemble dans une grande poêle. Dès que le beurre a complètement fondu, ajoutez la viande. Saisissez-la à feu moyen 3 à 4 minutes de chaque côté jusqu'à ce qu'elle soit dorée. Retirez la viande de la poêle et enveloppez-la dans du papier d'aluminium sans trop serrer. Laissez reposer 5 minutes.

Versez le bouillon de poule dans la poêle et laissez mijoter 3 minutes. Ajoutez la crème fraîche et la moutarde, mélangez, et laissez mijoter à feu doux 1 à 2 minutes jusqu'à ce que la sauce épaississe légèrement. Ajoutez l'estragon puis retirez la poêle du feu.

Disposez la viande dans les assiettes, versez la sauce par-dessus et servez éventuellement avec des légumes verts cuits à la vapeur.

Pour un poulet à la moutarde et au miel, mélangez 1 cuillerée à soupe de moutarde en grains, 1 cuillerée à soupe de miel liquide, du sel et du poivre. Badigeonnez 4 escalopes de poulet avec cette sauce et faites-les cuire 15 minutes au four préchauffé à 200 °C. Servez avec des haricots verts.

petits pains au bœuf thaï pimenté

Pour **4 personnes**
Préparation **5 minutes**
Cuisson **4 minutes**

500 g de **faux-filet** paré
1 c. à s. d'**huile d'olive**
4 **petits pains**
4 brins de **coriandre** fraîche
4 brins de **basilic thaï** ou classique
4 brins de **menthe**

Vinaigrette
2 c. à s. de **nuoc-mâm**
2 c. à s. de **jus de citron vert**
2 c. à s. de **cassonade** blonde
1 gros **piment rouge** coupé en fines lamelles
sel et **poivre**

Faites chauffer un gril en fonte jusqu'à ce qu'il soit très chaud. Badigeonnez la viande d'huile d'olive, salez et poivrez. Posez-la sur le gril et faites-la revenir à feu vif 2 minutes de chaque côté. Elle doit être saisie de chaque côté. Réservez-la 5 minutes, puis coupez-la en fines lanières. La viande doit être bleue.

Pendant ce temps, préparez la vinaigrette. Mettez le nuoc-mâm, le jus de citron vert et la cassonade dans un bol, puis incorporez le piment. Fouettez jusqu'à ce que la cassonade fonde.

Coupez les petits pains en deux et garnissez-les avec les herbes, les lanières de bœuf et son jus de cuisson. Versez délicatement la vinaigrette par-dessus et servez.

Pour une salade de bœuf thaï, faites cuire la viande, laissez-la reposer puis coupez-la comme indiqué ci-dessus. Mélangez-la dans un saladier avec 1 concombre libanais coupé en rondelles, 250 g de tomates cerises coupées en deux, 100 g de fèves et 1 poignée de feuilles de basilic thaï ou classique, de coriandre fraîche et de menthe. Mélangez le jus de ½ citron vert avec 1 cuillerée à café d'huile de sésame, 1 cuillerée à café de sucre en poudre, 1 cuillerée à café de nuoc-mâm et 1 cuillerée à café d'huile d'arachide. Versez sur la salade, mélangez bien pour répartir la sauce puis servez.

tortilla pizza au salami

Pour **2 personnes**
Préparation **5 minutes**
Cuisson **8 à 10 minutes** par pizza

2 grandes **tortillas de blé** ou 2 **pitas**
4 c. à s. de **sauce tomate** toute prête
100 g de tranches de **salami** épicé
150 g de **mozzarella** coupée en tranches fines
1 c. à s. de feuilles d'**origan** + quelques-unes pour décorer
sel et **poivre**

Placez les tortillas ou les pitas sur 2 grandes plaques de four. Étalez dessus la moitié de la sauce tomate jusqu'aux bords. Disposez sur la sauce tomate la moitié des tranches de salami et de mozzarella ainsi que les feuilles d'origan.

Faites cuire 8 à 10 minutes au four préchauffé à 200 °C jusqu'à ce que le fromage fonde et que la pâte soit dorée. Décorez avec des feuilles d'origan et servez.

Pour une quesadilla au salami, mozzarella et tomates, étalez 1 grande tortilla ou 1 pita sur votre plan de travail. Garnissez-la avec 2 cuillerées à soupe de sauce tomate, 50 g de tranches de salami, 75 g de mozzarella coupée en dés et quelques feuilles de basilic. Placez une seconde tortilla sur la première. Faites chauffer une grande poêle ou un gril en fonte. Quand il est bien chaud, posez la quesadilla dessus et faites-la griller 2 à 3 minutes. Retournez-la et faites-la cuire sur l'autre face. Coupez la quesillada en parts et servez.

spaghettis crevettes citron

Pour **2 personnes**
Préparation **5 minutes**
+ marinade
Cuisson **3 minutes**

3 c. à s. d'**huile d'olive** vierge extra + un peu pour la friture
2 grosses gousses d'**ail** pilées
1 gros **piment rouge** égrené et coupé en lamelles
le **zeste** râpé et le **jus** de 1 **citron**
375 g de grosses **crevettes** décortiquées crues
250 g de **spaghettis frais**
4 **ciboules** hachées
2 c. à s. de **basilic** haché
sel et **poivre**

Mélangez l'huile d'olive, l'ail, le piment et le zeste de citron dans un récipient non métallique. Salez et poivrez. Ajoutez les crevettes et mélangez bien. Couvrez et laissez mariner 1 heure au réfrigérateur.

Faites cuire les pâtes dans un grand faitout d'eau bouillante salée 3 minutes, puis égouttez-les.

Faites chauffer un wok ou une grande poêle et ajoutez un filet d'huile d'olive. Versez-y les crevettes ainsi que les ciboules et faites sauter à feu vif 2 à 3 minutes jusqu'à ce que les crevettes changent de couleur. Ajoutez le jus de citron et le basilic puis mélangez bien. Servez les crevettes immédiatement avec les spaghettis.

Pour des crevettes épicées asiatiques avec du riz au jasmin, mélangez l'huile d'olive, l'ail et le piment comme ci-dessus avec le zeste de 1 citron vert et 2 cuillerées à café de gingembre frais râpé. Ajoutez les crevettes et mélangez bien. Laissez mariner comme indiqué ci-dessus. Mettez 150 g de riz au jasmin dans une petite casserole, couvrez avec 300 ml d'eau froide et salez légèrement. Portez à ébullition, puis baissez le feu, couvrez et laissez mijoter à feu très doux pendant 12 minutes. Retirez la casserole du feu et laissez reposer 10 minutes. Faites sauter les crevettes avec les ciboules comme ci-dessus, mais ajoutez 1 cuillerée à soupe de sauce soja allégée en sel avant que les crevettes ne soient cuites. Ajoutez le jus du citron vert et 2 cuillerées à soupe de coriandre fraîche hachée. Mélangez bien. Servez le riz avec les crevettes.

pâtes, riz & nouilles

penne au thon et au poireau à la crème

Pour **4 personnes**
Préparation **10 minutes**
Cuisson **12 minutes**

400 g de **penne**
2 c. à s. d'**huile d'olive** vierge extra
2 **poireaux** coupés en rondelles
2 grosses gousses d'**ail** émincées
400 g de **thon à l'huile d'olive** en boîte, égoutté
150 ml de **vin blanc sec**
150 ml de **crème fraîche épaisse**
2 c. à s. de **persil** haché
sel et **poivre**

Plongez les pâtes dans un grand faitout rempli d'eau bouillante légèrement salée. Amenez à ébullition et faites cuire 10 à 12 minutes jusqu'à ce que les pennes soient *al dente*. Égouttez-les et remettez-les dans le faitout.

Pendant ce temps, faites chauffer l'huile d'olive dans une poêle, ajoutez les poireaux et l'ail. Salez et poivrez puis faites cuire 5 minutes à feu doux.

Émiettez le thon dans la poêle et laissez mijoter 1 minute en remuant. Ajoutez le vin, portez à ébullition et faites réduire le liquide de moitié. Incorporez la crème fraîche et réchauffez 2 à 3 minutes.

Ajoutez la sauce au thon aux pâtes, parsemez de persil et réchauffez à feu moyen en remuant pendant 1 minute. Servez aussitôt avec une salade de roquette.

Pour des pâtes au poulet, au poireau et à la roquette, pendant que les pâtes cuisent comme ci-dessus, faites chauffer 4 cuillerées à soupe d'huile d'olive vierge extra dans une poêle, ajoutez 2 poireaux émincés, 2 gousses d'ail pilées et 2 piments rouges égrenés et émincés. Faites cuire 5 minutes à feu doux. Ajoutez 250 g de cuisses de poulet désossé sans la peau et coupées en dés et faites revenir 5 minutes à feu moyen-vif jusqu'à ce que la viande soit dorée et entièrement cuite. Incorporez les pâtes égouttées ainsi que 150 g de roquette, ajoutez quelques gouttes de jus de citron et un filet d'huile d'olive. Servez immédiatement.

fusilli aux boulettes de saucisse

Pour **4 personnes**
Préparation **20 minutes**
Cuisson **15 minutes**

500 g de **saucisse de porc ou de bœuf**, peau retirée
4 c. à s. d'**huile d'olive** vierge extra
2 gousses d'**ail** émincées
2 c. à s. de **sauge** hachée
½ c. à c. de **piments séchés en flocons**
400 g de **fusilli**
250 g de **petits pois** surgelés, décongelés
sel et **poivre**
du **parmesan** fraîchement râpé pour servir

Formez des boulettes de chair à saucisse. Faites chauffer la moitié de l'huile d'olive dans une grande poêle antiadhésive et faites cuire les boulettes 10 minutes à feu moyen, en remuant souvent. Retirez-les de la poêle à l'aide d'une écumoire.

Pendant ce temps, faites cuire les pâtes pendant 8 minutes. Ajoutez les petits pois, comptez 2 minutes à partir de la reprise de l'ébullition. Égouttez bien et réservez 4 cuillerées à soupe de l'eau de cuisson.

Mettez l'ail, la sauge, les piments dans la poêle des boulettes et faites cuire 2 à 3 minutes à feu doux. Remettez les boulettes dans la poêle.

Remettez les pâtes et les petits pois dans le faitout, incorporez les boulettes, l'eau de cuisson réservée et le reste d'huile. Réchauffez 2 minutes. Servez dans des assiettes creuses et parsemez de parmesan râpé.

Pour des pâtes aux crevettes, au chorizo et aux petits pois, faites cuire les pâtes et les petits pois comme ci-dessus. Faites chauffer une poêle à sec. Faites revenir 150 g de chorizo coupé en dés 3 à 4 minutes à feu vif. Baissez le feu et ajoutez 350 g de crevettes crues décortiquées et 2 gousses d'ail pilées et faites sauter 5 minutes à feu doux. Incorporez les crevettes et le chorizo dans les pâtes et les petits pois égouttés, ajoutez 4 cuillerées à soupe de menthe fraîche ciselée, le jus de ½ citron et un filet d'huile d'olive vierge extra. Salez et poivrez puis servez.

gratin de macaronis au chorizo

Pour **4 personnes**
Préparation **5 minutes**
Cuisson **30 minutes**

200 g de **macaroni**
125 g de **chorizo** coupé en dés
1 petit **oignon** finement émincé
1 gousse d'**ail** pilée
300 ml de **crème fraîche épaisse**
150 ml de **bouillon de poule** (voir page 44 pour la recette du bouillon maison)
75 g de **cheddar** râpé ou de **gruyère**
4 c. à s. de **parmesan** fraîchement râpé
sel et **poivre**

Plongez les pâtes dans un grand faitout rempli d'eau bouillante légèrement salée. Amenez à ébullition et faites cuire 10 à 12 minutes. Égouttez-les soigneusement et remettez-les dans le faitout.

Pendant ce temps, faites chauffer une poêle à sec et faites revenir le chorizo 3 minutes. Retirez-le de la poêle à l'aide d'une écumoire. Ajoutez l'oignon et l'ail puis faites revenir 5 minutes jusqu'à ce qu'ils soient tendres.

Incorporez les macaronis, le chorizo, la crème fraîche et le bouillon de poule. Salez et poivrez. Réchauffez à feu doux 2 à 3 minutes en remuant. Ajoutez le cheddar ou le gruyère, retirez la poêle du feu et mélangez jusqu'à ce que le fromage soit fondu.

Versez ce mélange dans 4 bols de 300 ml allant au four, parsemez de parmesan et mettez 12 à 15 minutes au four préchauffé à 190 °C jusqu'à ce que le gratin bouillonne et soit doré. Servez avec une salade verte.

Pour un gratin de pâtes au bacon, faites cuire 250 g de penne à la place des macaronis, et faites revenir 125 g de bacon fumé coupé en dés à la place du chorizo comme ci-dessus. Faites sauter l'ail et l'oignon comme ci-dessus, puis incorporez les pennes et la crème. Salez, poivrez et réchauffez 2 à 3 minutes. Ajoutez 75 g de gruyère râpé, retirez du feu et mélangez jusqu'à ce que le fromage soit fondu. Versez les pâtes dans un plat à gratin de 1 litre, parsemez de parmesan et faites gratiner 25 minutes au four préchauffé à 190 °C.

nouilles au poulet style Singapour

Pour **4 personnes**
Préparation **10 minutes**
+ marinade
Cuisson **5 à 6 minutes**

350 g de **cuisses de poulet** désossées sans la peau et émincées
2 c. à s. de **sauce soja** allégée en sel
1 c. à s. de **sucre en poudre**
1 c. à c. d'**huile de sésame**
2 c. à s. de **sauce d'huître**
2 c. à s. de **vinaigre de riz**
3 c. à s. d'**huile végétale**
4 **ciboules** émincées
2 gousses d'**ail** émincées
1 c. à c. de **gingembre** frais râpé
350 g de **nouilles hokkien**
50 g de **germes de soja**
piments rouges émincés pour décorer

Mettez le poulet dans un saladier. Ajoutez la sauce soja, le sucre et l'huile de sésame. Mélangez bien. Couvrez et laissez mariner 15 minutes.

Égouttez le poulet et réservez la marinade. Ajoutez la sauce d'huître et le vinaigre de riz à la marinade.

Faites chauffer la moitié de l'huile végétale dans un wok jusqu'à ce qu'elle commence à fumer. Ajoutez le poulet et faites frire à feu vif 2 à 3 minutes jusqu'à ce qu'il soit légèrement doré. Retirez-le du wok à l'aide d'une écumoire.

Faites chauffer le reste de l'huile dans le wok, et faites-y revenir 1 minute à feu vif les ciboules, l'ail et le gingembre. Ajoutez le poulet, les nouilles et la marinade puis réchauffez 2 minutes.

Incorporez les germes de soja puis servez dans des bols et décorez avec des piments émincés.

Pour du poulet barbecue asiatique, mettez les lanières de poulet dans un saladier et ajoutez 2 cuillerées à soupe de sauce soja allégée en sel, ½ cuillerée à café d'huile de sésame, 1 cuillerée à soupe de sauce d'huître et 1 cuillerée à café de miel liquide. Mélangez bien de façon que le poulet soit bien enrobé de sauce. Enfilez les morceaux de poulet sur des brochettes et faites-les cuire 4 à 5 minutes de chaque côté sous le gril du four préchauffé ou au barbecue. Servez avec une salade.

pad thaï

Pour **2 personnes**
Préparation **10 minutes**
Cuisson **12 minutes**

- 250 g de **nouilles de riz plates**
- 1 ½ c. à s. de **sauce soja** sucrée
- 1 ½ c. à s. de **jus de citron vert**
- 1 c. à s. de **nuoc-mâm**
- 1 c. à s. d'**eau**
- 3 c. à s. d'**huile d'arachide**
- 2 gousses d'**ail** émincées
- 1 petit **piment rouge**, épépiné et émincé
- 125 g de **tofu ferme** coupé en dés
- 2 **œufs** légèrement battus
- 125 g de **germes de soja**
- 1 c. à s. de **coriandre** fraîche hachée
- 4 c. à s. de **cacahuètes** salées, pilées

Faites cuire les nouilles 5 minutes dans de l'eau bouillante. Égouttez-les et passez-les sous l'eau froide, égouttez-les de nouveau puis réservez-les.

Mettez dans un bol la sauce soja, le jus de citron vert, le nuoc-mâm et l'eau. Réservez.

Faites chauffer l'huile dans un wok. Faites revenir l'ail et le piment 30 secondes à feu vif. Ajoutez les nouilles et le tofu et faites revenir 2 à 3 minutes. Poussez les nouilles sur le bord du wok, en faisant de la place au centre. Versez les œufs et faites-les frire à feu doux 1 minute sans mélanger, puis commencez à les « brouiller ». Ramenez les nouilles vers le centre et mélangez bien les nouilles et les œufs.

Ajoutez le bol de sauce et faites cuire encore 1 minute. Incorporez les germes de soja et la coriandre. Servez dans des bols et parsemez de cacahuètes.

Pour une salade fraîche de nouilles, faites cuire les nouilles comme indiqué ci-dessus. Mettez-les dans un saladier avec 1 carotte râpée, ½ concombre coupé en tranches, 1 poignée de germes de soja et 1 poignée de basilic, de menthe et de coriandre frais. Mélangez 1 cuillerée à soupe d'huile de sésame, 2 cuillerées à soupe d'huile d'olive, 1 cuillerée à soupe de nuoc-mâm, 2 cuillerées à café de sucre en poudre et 1 cuillerée à soupe de jus de citron vert. Incorporez cette sauce à la salade et parsemez de 4 cuillerées à soupe de cacahuètes grillées concassées.

nouilles au porc à l'aigre-doux

Pour **2 personnes**
Préparation **10 minutes**
+ marinade
Cuisson **6 à 7 minutes**

250 g de **filet de porc**
3 c. à s. de **sauce soja** allégée en sel
2 c. à s. de **sauce aux piments doux**
1 c. à s. de **sucre en poudre**
1 c. à s. de **vinaigre de riz**
3 c. à s. d'**huile végétale**
2 gousses d'**ail** émincées
2 c. à c. de **gingembre** frais râpé
1 petit **oignon** émincé
1 **poivron rouge** évidé, égrené et émincé
250 g de **nouilles hokkien**

Émincez le porc en fines lanières et mettez-les dans un saladier. Mélangez la sauce soja, la sauce aux piments doux, le sucre et le vinaigre et versez cette sauce sur la viande. Mélangez bien : la viande doit être uniformément enrobée. Couvrez et laissez mariner 15 minutes au frais. Égouttez le porc et réservez la marinade.

Faites chauffer la moitié de l'huile dans un wok ou une grande poêle jusqu'à ce qu'elle commence à fumer. Ajoutez le porc et faites-le frire à feu vif 3 à 4 minutes jusqu'à ce qu'il soit doré. Retirez-le de la poêle à l'aide d'une écumoire.

Faites chauffer le reste de l'huile dans le wok, et faites-y revenir l'ail, le gingembre, l'oignon et le poivron 1 minute à feu vif. Ajoutez le porc, les nouilles et la marinade et mélangez 2 minutes jusqu'à ce que l'ensemble soit bien chaud. Servez aussitôt.

Pour des nouilles au poulet sauce aux prunes, émincez finement 250 g de cuisses de poulet désossées et mettez-le dans un saladier. Mélangez 1 cuillerée à soupe de sauce soja allégée en sel, 2 cuillerées à soupe de sauce aux prunes et le jus de ½ citron vert. Versez cette sauce sur le poulet. Mélangez bien : la viande doit être uniformément enrobée. Couvrez et laissez mariner 15 minutes au frais. Poursuivez la recette comme pour le porc ci-dessus en remplaçant le poivron par 125 g de fleurettes de brocoli. Servez les nouilles au poulet décorées de feuilles de coriandre fraîche.

riz « complet »

Pour **6 personnes**
Préparation **20 minutes**
Cuisson **45 à 50 minutes**

1 kg de **poulet** découpé en 12 morceaux (demandez à votre boucher)
1 c. à s. de **sauce barbecue** (sauce jerk)
4 c. à s. d'**huile d'olive**
1 **oignon** émincé
1 **poivron rouge** égrené, évidé et coupé
2 bâtons de **céleri** coupés en morceaux
2 gousses d'**ail** pilées
1 c. à s. de **thym** émietté
250 g de **riz à longs grains**
600 ml de **bouillon de poule** (voir page 44 pour une recette de bouillon maison)
250 g de **jambon cuit** coupé en dés
250 g de **crevettes** décortiquées
2 c. à s. de **coriandre** fraîche hachée
sel et **poivre**

Mettez les morceaux de poulet dans un bol, ajoutez la sauce barbecue. Salez, poivrez et mélangez bien pour que le poulet soit entièrement enrobé.

Faites chauffer l'huile d'olive dans une grande poêle et faites revenir les morceaux de poulet 5 à 6 minutes. Retirez-les de la poêle à l'aide d'une écumoire.

Ajoutez l'oignon, le poivron, le céleri, l'ail et le thym dans la poêle. Salez et poivrez, puis faites cuire 10 minutes, en remuant. Remettez le poulet dans la poêle.

Ajoutez le riz et mélangez bien, puis ajoutez le bouillon de poule. Portez à ébullition, puis baissez le feu, couvrez et laissez mijoter 20 minutes à feu doux.

Ajoutez le jambon et les crevettes, mélangez, couvrez puis faites cuire encore 10 minutes jusqu'à ce que le riz soit tendre et que tout le bouillon ait été absorbé. Assaisonnez à votre convenance et servez immédiatement.

Pour une paella classique, préparez le poulet et les légumes et faites-les cuire comme indiqué ci-dessus. Après avoir remis le poulet dans la poêle, ajoutez 250 g de riz à paella et mélangez bien. Ajoutez le bouillon de poule avec 400 g de tomates en dés en boîte. Portez à ébullition, puis réduisez le feu, couvrez et laissez mijoter 35 à 40 minutes à feu doux jusqu'à ce que le riz soit crémeux et tendre et que le bouillon ait été presque entièrement absorbé. Assaisonnez et servez.

risotto petits pois-crevettes

Pour **6 personnes**
Préparation **10 minutes**
Cuisson **40 minutes**

500 g de **crevettes** non décortiquées
125 g de **beurre**
1 **oignon** émincé finement
2 gousses d'**ail** pilées
250 g de **riz à risotto**
375 g de **petits pois** frais
150 ml de **vin blanc sec**
1,5 litre de **bouillon de légumes**
4 c. à s. de **menthe** hachée
sel et **poivre**

Décortiquez les crevettes, gardez les têtes et les coquilles.

Faites fondre 100 g de beurre dans une grande poêle et faites revenir les têtes et les coquilles de crevettes 3 à 4 minutes. Filtrez, puis jetez les têtes et les coquilles. Remettez un peu de beurre dans la poêle.

Ajoutez l'oignon et l'ail et faites revenir 5 minutes sans les laisser colorer. Ajoutez le riz et mélangez bien pour l'enrober de beurre. Ajoutez les petits pois, puis versez le vin. Portez à ébullition et faites cuire, en remuant, jusqu'à ce que le liquide ait réduit de moitié.

Ajoutez une grosse louche de bouillon bien chaud et remuez sans cesse. Ajoutez une nouvelle louche de bouillon lorsque la première a été absorbée. Répétez l'opération jusqu'à ce qu'il n'y ait plus de bouillon. Le riz doit être crémeux mais encore ferme. Cela prendra environ 20 minutes.

Faites fondre le reste de beurre dans une autre poêle et faites-y cuire les crevettes 3 à 4 minutes en remuant. Ajoutez-les au riz et mélangez avec les jus de cuisson et la menthe. Salez et poivrez.

risotto gratiné au beurre noisette

Pour **4 à 6 personnes**
Préparation **5 minutes**
Cuisson **40 minutes**

huile d'olive en spray
375 g de **riz à risotto**
1,2 litre de **bouillon de poule** (voir page 44 pour une recette de bouillon maison)
50 g de **beurre**
50 g de **parmesan** râpé
sel et **poivre**

Vaporisez légèrement d'huile d'olive un plat à gratin de 2 litres. Mettez-y le riz puis versez le bouillon de poule. Ajoutez un peu de sel et de poivre, mélangez une fois et couvrez avec un couvercle bien hermétique (ajoutez une feuille d'aluminium si nécessaire).

Faites cuire 40 minutes dans un four préchauffé à 180 °C jusqu'à ce que le riz soit tendre et que le bouillon ait été presque entièrement absorbé.

Pendant ce temps, faites fondre le beurre dans une petite casserole et faites cuire à feu doux 2 à 3 minutes jusqu'à ce que le beurre prenne la couleur d'une noisette grillée.

Retirez le risotto du four, incorporez le beurre et le parmesan. Servez immédiatement.

Pour un risotto gratiné au potiron, mélangez 500 g de potiron égrené, pelé et coupé en cubes avec 1 oignon finement émincé, 1 gousse d'ail pilée, 1 cuillerée à soupe de sauge hachée et 2 cuillerées à soupe d'huile d'olive vierge extra dans un plat à gratin. Salez et poivrez. Préparez le riz pour le gratiner comme indiqué ci-dessus, puis mettez-le dans le four. Placez le mélange de potiron dans le four sous le risotto. Après 40 minutes de cuisson, incorporez le potiron et 50 g de parmesan râpé dans le risotto gratiné, puis le beurre comme indiqué ci-dessus.

viandes, volailles & poissons

poulet grillé aux herbes et au bacon

Pour **4 personnes**
Préparation **10 minutes**
Cuisson **45 minutes**

2 c. à s. d'**huile d'olive** vierge extra
2 c. à s. de **thym** émietté
2 gousses d'**ail** pilées
le **zeste** râpé et le **jus** de 1 **citron**
4 quarts de **poulet** de 375 g chacun
4 tranches de **bacon** découenné
1 c. à s. de **farine**
150 ml de **vin blanc sec**
300 ml de **bouillon de poule** (voir page 44 une recette de bouillon maison)
sel et **poivre**

Mélangez l'huile d'olive, le thym, l'ail, le jus et le zeste de citron râpé dans un bol. Salez et poivrez. Entaillez en plusieurs endroits chaque quart de poulet avec un couteau aiguisé et badigeonnez-les avec le mélange d'huile et de thym. Enveloppez chaque quart de poulet de bacon. Faites tenir le bacon à l'aide de pics en bois.

Placez le poulet dans un plat à gratin et faites-le rôtir 35 à 40 minutes au four préchauffé à 200 °C. Retirez-le du four et placez-le dans un plat chaud recouvert d'une feuille de papier d'aluminium.

Retirez la graisse du plat – laissez-en 2 cuillerées à soupe –, puis faites cuire à feu moyen. Ajoutez la farine et faites cuire 30 secondes sans cesser de remuer. Ajoutez le vin petit à petit, puis le bouillon de poule. Laissez mijoter 5 minutes jusqu'à épaississement de la sauce. Servez avec le poulet.

Pour des pommes de terres rôties à servir avec le poulet, faites cuire 750 g de pommes de terre épluchées dans une grande casserole d'eau bouillante légèrement salée pendant 10 minutes. Égouttez-les bien. Mettez 4 cuillerées à soupe d'huile d'olive dans un plat à gratin et faites chauffer au four préchauffé à 200 °C pendant 5 minutes. Posez délicatement les pommes de terre dans le plat (attention aux projections d'huile) et faites-les rôtir au four 40 à 50 minutes en les retournant à mi-cuisson.

poulet au vin rouge et aux raisins

Pour **4 personnes**
Préparation **5 minutes**
Cuisson **30 minutes**

3 c. à s. d'**huile d'olive**
4 **escalopes de poulet** de 150 g chacune
1 **oignon rouge** émincé
2 c. à s. de **pesto rouge** (voir la recette maison ci-dessous)
300 ml de **vin rouge**
300 ml d'**eau**
125 g de **raisins rouges** coupés en deux et épépinés
sel et **poivre**
feuilles de **basilic** pour décorer

Faites chauffer 2 cuillerées à soupe d'huile d'olive dans une grande poêle. Faites cuire les escalopes 5 minutes à feu moyen, en les retournant régulièrement, jusqu'à ce qu'elles soient bien dorées. Retirez-les de la poêle à l'aide d'une écumoire et épongez-les sur du papier absorbant.

Faites chauffer le reste d'huile dans la poêle. Ajoutez l'oignon et le pesto rouge puis faites revenir 3 minutes, en remuant régulièrement, jusqu'à ce que l'oignon soit fondant sans être caramélisé.

Ajoutez le vin et l'eau dans la poêle et portez à ébullition. Remettez les escalopes dans la poêle, salez et poivrez. Baissez le feu et laissez mijoter 15 minutes jusqu'à ce que le poulet soit bien cuit.

Incorporez les raisins rouges et servez immédiatement. Décorez de feuilles de basilic.

Pour un pesto rouge maison, mettez 1 gousse d'ail émincé, ½ cuillerée à café de gros sel, 25 g de feuilles de basilic, 50 g de tomates séchées à l'huile égouttées, 125 ml d'huile d'olive vierge extra et 1 pincée de poivre dans un robot ou un blender. Mixez jusqu'à ce que le pesto soit bien onctueux. Transvasez la sauce dans un bol et incorporez 2 cuillerées à soupe de parmesan frais râpé.

cuisses de poulet au pesto maison

Pour **4 personnes**
Préparation **10 minutes**
Cuisson **25 minutes**

1 c. à s. d'**huile d'olive**
8 **cuisses de poulet**

Pesto vert
6 c. à s. d'**huile d'olive**
50 g de **pignons de pin** grillés
50 g de **parmesan** frais râpé
50 g de feuilles de **basilic** + quelques-unes pour décorer
15 g de **persil plat**
2 gousses d'**ail** pilées
sel et **poivre**

Faites chauffer l'huile d'olive dans une poêle antiadhésive. Faites cuire les cuisses de poulet à feu moyen, en les retournant régulièrement, pendant environ 20 minutes jusqu'à ce qu'elles soient bien cuites.

Pendant ce temps, préparez le pesto vert. Mettez tous les ingrédients dans un robot ou un blender et mixez jusqu'à ce que le pesto soit onctueux.

Retirez les cuisses de poulet de la poêle et réservez-les au chaud. Baissez le feu puis ajoutez le pesto dans la poêle. Réchauffez 2 à 3 minutes tout en remuant.

Versez le pesto chaud sur les cuisses de poulet. Décorez de feuilles de basilic et servez avec des légumes cuits à la vapeur et des tomates cerises rôties.

Pour des cuisses de poulet à la moutarde et à la crème fraîche, faites cuire le poulet comme indiqué ci-dessus. Retirez-les de la poêle et réservez-les au chaud. Baissez le feu, ajoutez 50 ml de vin blanc sec puis, à l'aide d'une spatule, raclez le fond de la poêle pour décoller les sucs. Laissez mijoter jusqu'à ce que la moitié du vin s'évapore. Incorporez 125 g de crème fraîche et 1 cuillerée à soupe de moutarde en grains, puis réchauffez 3 minutes tout en remuant. Versez cette sauce sur les cuisses de poulet et servez avec de la ciboulette fraîche hachée.

poulet au satay

Pour **6 personnes**
Préparation **10 minutes**
+ marinade
Cuisson **10 minutes**

25 g de **beurre de cacahuètes** onctueux
125 ml de **sauce soja**
125 ml de **jus de citron vert**
15 g de **curry en poudre**
2 gousses d'**ail** pilées
1 c. à c. de **sauce pimentée**
6 **escalopes de poulet** coupées en cubes

Mélangez le beurre de cacahuètes, la sauce soja, le jus de citron vert, le curry en poudre, l'ail et la sauce pimentée dans un saladier non métallique.

Ajoutez les cubes de poulet dans cette marinade et mélangez bien : tous les morceaux doivent être entièrement enrobés. Couvrez et laissez mariner au réfrigérateur 12 heures ou une nuit entière.

Au dernier moment, enfilez les morceaux de poulet sur des brochettes en métal et faites-les cuire au gril préchauffé, 5 minutes de chaque côté, jusqu'à ce que le poulet soit bien cuit. Servez immédiatement.

Pour des brochettes de poulet au piri-piri, mélangez 4 cuillerées à soupe d'huile d'olive vierge extra, 2 piments rouges coupés en lamelles (égrenés éventuellement) et 2 gousses d'ail pilées dans un saladier. Salez et poivrez. Réservez la moitié de cette sauce piri-piri, puis incorporez le poulet dans l'autre moitié de sauce. Mélangez bien : tous les morceaux doivent être entièrement enrobés. Couvrez et laissez mariner au réfrigérateur 12 heures ou une nuit entière. Enfilez les morceaux de poulet sur des brochettes en bois préalablement trempées 10 minutes dans de l'eau bouillante, puis faites-les cuire au gril préchauffé, 5 minutes de chaque côté, jusqu'à ce que le poulet soit bien cuit. Versez le reste de sauce piri-piri et pressez 1 citron sur le poulet avant de servir.

magrets de canette aux lentilles

Pour **4 personnes**
Préparation **10 minutes**
Cuisson **25 à 30 minutes**

4 **magrets de canette** de 175 g chacun
175 g de **lentilles du Puy**
150 ml de **bouillon de poule** (voir page 44 pour une recette de bouillon maison)
sel et **poivre**
brins de **cerfeuil** pour décorer

Confiture
300 ml de **jus d'orange**
250 g de **mandarines avec l'écorce**, épépinées et finement hachées

Sauce
3 **échalotes** finement hachées
50 ml de **porto**
150 ml de **jus de raisin rouge**

Placez les magrets, peau vers le haut, dans un plat à gratin peu profond. Faites-les rôtir 10 à 15 minutes au four préchauffé à 200 °C : les magrets doivent être rosés au centre. Laissez reposer 5 minutes.

Pendant ce temps, mettez les lentilles dans une casserole d'eau salée, portez à ébullition, faites-les bouillir 15 minutes, puis égouttez-les.

Pendant la cuisson des magrets et des lentilles, préparez la confiture. Mettez le jus d'orange et les mandarines dans une casserole en inox. Portez à ébullition, puis baissez le feu et faites cuire 10 minutes jusqu'à ce que le mélange réduise des deux tiers. Préparez la sauce en même temps. Faites chauffer une poêle antiadhésive à sec et faites revenir les échalotes à feu doux 2 à 3 minutes. Ajoutez le porto et le jus de raisin. Portez à ébullition et faites bouillir 10 minutes jusqu'à ce que la sauce réduise de moitié.

Retirez les magrets de la poêle et réservez-les. Retirez l'excédent de graisse de la poêle et ajoutez-y les lentilles ainsi que le bouillon de poule. Faites cuire à feu moyen 2 à 3 minutes jusqu'à ce que le bouillon s'évapore presque entièrement et raclez le fond de la poêle à l'aide d'une spatule pour décoller les sucs.

Coupez les magrets en tranches. Répartissez les lentilles dans des assiettes chaudes, puis disposez les magrets dessus. Déposez un peu de confiture sur la viande et versez la sauce autour des lentilles, puis décorez de brins de cerfeuil.

agneau au curry rogan josh

Pour **4 personnes**
Préparation **20 minutes**
+ marinade
Cuisson **2 heures**

1 kg de **gigot d'agneau** désossé
400 g de **tomates en dés** en boîte
300 ml d'**eau**
1 c. à c. de **sucre** en poudre
2 c. à s. de **coriandre** fraîche hachée + quelques feuilles pour décorer

Marinade
1 **oignon** émincé grossièrement
4 gousses d'**ail** pilées
2 c. à c. de **gingembre** frais râpé
1 gros **piment rouge** coupé en lamelles
2 c. à c. de **coriandre** moulue
1 ½ c. à c. de **sel**
1 c. à c. de **cumin** moulu
1 c. à c. de **curcuma** moulu
½ c. à c. de **cannelle** moulue
½ c. à c. de **poivre blanc** moulu
2 c. à s. de **vinaigre de vin rouge**

Coupez le gigot en morceaux, ôtez les cartilages et mettez la viande dans un saladier non métallique.

Préparez la marinade. Placez tous les ingrédients dans un robot ou un blender et mixez afin d'obtenir un mélange homogène. Versez la marinade sur la viande et mélangez bien jusqu'à ce qu'elle soit entièrement recouverte. Couvrez et laissez mariner une nuit entière au réfrigérateur.

Au dernier moment, mettez la viande et la marinade dans une casserole avec les tomates, l'eau et le sucre. Portez à ébullition, puis baissez le feu, couvrez et laissez mijoter 1 heure 30 à feu doux.

Incorporez la coriandre fraîche et faites cuire, sans couvrir, 25 à 30 minutes de plus, jusqu'à ce que la sauce épaississe. Salez et poivrez, décorez de coriandre et servez avec du riz (voir ci-dessous).

Pour un riz « parfait » à servir avec le curry, mettez 300 g de riz basmati dans une grande casserole avec 1,5 litre d'eau froide et 1 cuillerée à café de sel. Portez à ébullition, puis baissez le feu et laissez mijoter 10 minutes. Égouttez le riz dans une passoire, puis placez-la au-dessus de la casserole. Couvrez entièrement la passoire et la casserole avec un torchon propre et laissez reposer 5 minutes. Aérez les grains de riz à l'aide d'une fourchette avant de servir.

boulettes d'agneau aux courgettes

Pour **4 personnes**
Préparation **20 minutes**
Cuisson **20 minutes**

2 **courgettes** finement râpées
2 c. à s. de **graines de sésame**
250 g d'**agneau haché**
2 **ciboules** finement hachées
1 gousse d'**ail** pilée
1 c. à s. de **menthe** hachée
½ c. à c. d'**épices** moulues
2 c. à s. de **chapelure**
1 **œuf** légèrement battu
huile végétale pour la friture
sel et **poivre**
quartiers de citron pour servir

Mettez les courgettes râpées dans une passoire et appuyez dessus pour retirer le plus d'eau possible. Placez-les dans un saladier.

Faites chauffer une poêle à fond épais à sec jusqu'à ce qu'elle soit chaude. Faites dorer les graines de sésame, en secouant sans cesse pendant 1 à 2 minutes, jusqu'à ce qu'elles dégagent leur parfum. Mettez-les dans le saladier avec les courgettes, puis ajoutez l'agneau et tous les ingrédients restants, sauf l'huile et les quartiers de citron. Salez et poivrez.

Formez 20 boulettes. Faites chauffer un peu d'huile dans une poêle, faites cuire une première fournée de boulettes pendant 5 minutes en les retournant régulièrement. Gardez les boulettes cuites au chaud au four préchauffé à 160 °C pendant que vous faites cuire les boulettes restantes. Servez bien chaud avec les quartiers de citron.

Pour une sauce tahina à servir en accompagnement, mélangez 250 ml de yaourt grec, 2 gousses d'ail pilées, 1 cuillerée à soupe de tahina et 2 cuillerées à café de jus de citron dans un bol. Salez et poivrez.

collier d'agneau à la moutarde

Pour **4 personnes**
Préparation **10 minutes**
+ repos
Cuisson **10 à 15 minutes**

500 g de **filets de collet d'agneau**
4 gousses d'**ail** pilées
2 c. à s. de **moutarde de Dijon** ou de **moutarde anglaise**
2 c. à s. de **menthe** hachée
1 c. à s. de **coriandre** fraîche hachée
2 c. à s. d'**huile d'olive**

Dégraissez l'agneau.

Mélangez l'ail, la moutarde, la menthe, la coriandre et l'huile d'olive dans un bol.

Badigeonnez l'agneau de ce mélange, puis placez-le dans un plat à gratin.

Faites cuire au four préchauffé à 200 °C pendant 10 à 15 minutes jusqu'à ce que l'agneau soit cuit à votre convenance. Laissez reposer 10 minutes, puis servez avec des légumes vapeur.

Pour une purée de patates douces à servir avec l'agneau, faites cuire 500 g de patates douces pelées avec 375 g de pommes de terre pelées dans une grande casserole d'eau bouillante légèrement salée. Égouttez-les bien, puis remettez-les dans la casserole. Écrasez-les avec 50 g de beurre et 50 ml de lait. Salez et poivrez.

travers de porc

Pour **4 personnes**
Préparation **5 minutes**
Cuisson **1 heure**

2 kg de **travers de porc**
100 ml de **ketchup**
2 c. à s. de **miel** liquide
1 c. à s. de **sauce soja** foncée
1 c. à s. d'**huile d'olive**
1 c. à s. de **vinaigre de malt**
2 c. à c. de **moutarde de Dijon**
sel et **poivre**

Disposez les travers de porc sur une grille posée sur une lèchefrite. Mélangez les autres ingrédients dans un saladier. Badigeonnez généreusement les travers de porc de marinade des deux côtés.

Faites dorer les travers de porc 30 minutes au four préchauffé à 200 °C.

Badigeonnez les travers de porc de marinade avec un pinceau propre de nouveau, puis faites-les griller 30 minutes de plus jusqu'à ce qu'ils soient dorés et collants.

Retirez les travers de porc du four et badigeonnez-les avec les restes de marinade. Réservez-les 5 minutes, coupez-les en 4 morceaux et servez.

Pour des ailes de poulet à la chinoise, mélangez tous les ingrédients dans un saladier pour la marinade comme indiqué ci-dessus et ajoutez 2 cuillerées à soupe de sauce hoisin. Placez 12 grosses ailes de poulet dans la marinade et mélangez pour bien les enrober. Faites-les rôtir 30 à 35 minutes au four préchauffé à 200 °C jusqu'à ce qu'elles soient croustillantes, dorées et bien cuites.

filet mignon mariné

Pour **4 personnes**
Préparation **10 minutes**
+ marinade
Cuisson **20 minutes**

2 **filets mignons de porc** de 250 g chacun
1 c. à s. de **graines de lin**
150 ml de **vin blanc sec**

Marinade
1 bâton de **cannelle**
2 c. à s. de **sauce soja**
2 gousses d'**ail** pilées
1 c. à c. de **gingembre** frais râpé
1 c. à s. de **miel** liquide
1 c. à c. de **graines de coriandre** pilées
1 c. à c. d'**huile de sésame**

Mélangez les ingrédients de la marinade dans un saladier. Faites mariner la viande au réfrigérateur à couvert 2 à 3 heures ou une nuit entière.

Égouttez la viande et réservez la marinade. Tournez la viande dans les graines de lin pour la recouvrir entièrement de chaque côté. Faites chauffer une plaque de cuisson ou un plat à gratin sur la cuisinière, mettez-y la viande et faites-la revenir à feu vif jusqu'à ce qu'elle soit dorée. Enfournez la viande à four préchauffé à 180 °C et faites rôtir 15 minutes.

Pendant ce temps, retirez le bâton de cannelle de la marinade, et versez celle-ci dans une casserole antiadhésive. Ajoutez le vin et portez à ébullition, puis baissez le feu et laissez mijoter jusqu'à obtenir une consistance laquée. Retirez la casserole du feu.

Coupez la viande rôtie en tranches de 5 mm. Servez sur un lit de légumes vapeur (pak choï ou épinards), et versez la sauce laquée sur le porc.

fagots d'asperges au Parme

Pour **3 personnes**
Préparation **10 minutes**
Cuisson **28 minutes**

18 grosses **asperges** pelées
250 g de **mozzarella**
250 g de tranches fines
de **jambon de Parme**
75 g de **beurre**
\+ un peu pour graisser
le plat
poivre

Faites cuire les asperges dans une grande casserole d'eau bouillante salée 4 à 8 minutes à feu moyen jusqu'à ce qu'elles soient tendres.

Égouttez-les et passez-les sous l'eau froide. Une fois refroidies, égouttez-les de nouveau et réservez-les.

Coupez la mozzarella en 18 tranches égales. Empilez les tranches de prosciutto en 6 tas de même hauteur et préparez 12 noix de beurre de même taille.

Prenez 3 asperges pour faire un fagot avec le jambon. Insérez 2 tranches de mozzarella et 1 noix de beurre entre les trois asperges. Enroulez le jambon autour des asperges, en utilisant toutes les tranches d'un tas. Répétez cette opération jusqu'à obtenir 6 fagots.

Graissez légèrement un plat à gratin et disposez-y les fagots d'asperges. Mettez 1 tranche de mozzarella et 1 noix de beurre sur chaque fagot. Poivrez et faites cuire 20 minutes en haut du four préchauffé à 200 °C.

Pour des asperges au citron et au beurre à l'ail, faites cuire les asperges comme indiqué ci-dessus. Pendant ce temps, mettez 125 g de beurre, 1 gousse d'ail pilée, le zeste de 1 citron râpé et 1 pincée de poivre dans une casserole. Faites chauffer à feu doux jusqu'à ce que l'ail soit tendre. Ajoutez 1 cuillerée à soupe de jus de citron, versez sur les asperges puis servez.

porc au chou vert

Pour **4 personnes**
Préparation **15 minutes**
Cuisson **40 minutes**

1 c. à s. de **graines de sésame**
2 gousses d'**ail** très finement émincées
3 **ciboules** coupées en biais en tronçons de 1,5 cm
½ c. à c. de **poivre de Cayenne**
300 g de **côtes de porc** coupées en lamelles épaisses
2 c. à s. d'**huile d'olive**
2 c. à c. d'**huile de sésame**
2 c. à s. de **sauce soja**
2 c. à c. de **miel** liquide
400 g de **chou vert** coupé en lamelles

Faites griller les graines de sésame1 à 2 minutes dans une poêle à fond épais. Placez-les dans un plat froid et réservez-les.

Mélangez l'ail, les ciboules et le poivre de Cayenne dans un saladier. Ajoutez la viande et mélangez bien.

Faites chauffer les deux huiles dans une poêle. Ajoutez la viande en 3 fournées et faites-la revenir à feu vif 5 minutes de chaque côté jusqu'à ce qu'elle soit cuite. Retirez-la de la poêle à l'aide d'une écumoire.

Ajoutez la sauce soja, le miel et le chou dans la poêle puis mélangez. Couvrez et faites cuire 5 à 6 minutes à feu moyen.

Remettez la viande dans la poêle, ajoutez les graines de sésame et mélangez bien. Servez immédiatement.

Pour un riz à l'orange et aux graines de moutarde à servir en accompagnement, mettez 250 g de riz au jasmin dans une casserole, ajoutez 500 ml d'eau froide et 1 cuillerée à café de sel. Portez à ébullition, puis baissez le feu, couvrez avec un couvercle bien hermétique et laissez mijoter 12 minutes à feu très doux. Pendant ce temps, faites fondre 25 g de beurre dans une petite casserole, ajoutez 1 cuillerée à soupe de graines de moutarde et le zeste râpé de 1 orange, puis faites cuire à feu doux pendant 2 à 3 minutes, en remuant. Retirez le riz du feu, versez le mélange de moutarde dessus puis remettez le couvercle. Laissez reposer 10 minutes, mélangez bien puis servez.

burgers thaïs sauce pimentée

Pour **4 personnes**
Préparation **10 minutes**
Cuisson **10 à 12 minutes**

500 g de **bœuf haché**
1 c. à s. de **pâte de curry rouge thaïe**
25 g de **chapelure fraîche**
2 c. à s. de **coriandre** fraîche hachée
1 **œuf** légèrement battu
1 c. à s. de **sauce soja** allégée en sel
poivre

Pour servir
1 **baguette** coupée en quatre et ouverte dans l'épaisseur
feuilles de salade
sauce aux piments doux

Mettez le bœuf haché dans un saladier et incorporez la pâte de curry rouge, la chapelure, la coriandre, l'œuf, la sauce soja et le poivre. Mélangez à la main jusqu'à ce que le mélange soit collant. Formez 8 mini burgers.

Faites chauffer un gril en fonte. Quand il est très chaud, posez les burgers dessus et faites-les cuire à feu vif 4 à 5 minutes de chaque côté jusqu'à ce qu'ils soient grillés et bien cuits.

Servez chaque burger dans des baguettes avec des feuilles de salade et de la sauce aux piments doux.

Pour des burgers au bœuf à la sauce satay, préparez les burgers et faites-les cuire comme indiqué ci-dessus. Pour la sauce satay, mélangez 6 cuillerées à soupe de crème de coco, 3 cuillerées à soupe de sauce cacahuète, le jus de ½ citron vert, 2 cuillerées à café de nuoc-mâm et 2 cuillerées à café de sauce aux piments doux dans une casserole. Faites cuire à feu doux 2 à 3 minutes en remuant jusqu'à ce que la sauce soit bien lisse. Disposez les burgers dans des pains à hamburgers au sésame en ajoutant des feuilles de salade et la sauce satay.

hachis parmentier du berger

Pour **4 à 6 personnes**
Préparation **20 minutes**
Cuisson **1 h 25**

1 c. à s. d'**huile d'olive**
1 **oignon** finement émincé
1 **carotte** coupée en dés
1 branche de **céleri** coupée en dés
1 c. à s. de **thym** émietté
500 g d'**agneau haché**
400 g de **tomates en dés** en boîte
4 c. à s. de **purée de tomates**
750 g de **pommes de terre** à chair ferme, pelées et coupées en cubes
50 g de **beurre**
3 c. à s. de **lait**
75 g de **cheddar** râpé ou de **gruyère**
sel et **poivre**

Faites chauffer l'huile d'olive dans une casserole et faites revenir l'oignon, la carotte, le céleri, le thym 10 minutes à feu doux.

Ajoutez la viande hachée et faites-la dorer 5 minutes à feu vif. Pendant la cuisson, séparez la viande à l'aide d'une cuillère en bois. Ajoutez les tomates et la purée de tomates. Salez et poivrez. Portez à ébullition, puis baissez le feu, couvrez et laissez mijoter 30 minutes.

Retirez le couvercle et faites cuire 15 minutes de plus jusqu'à épaississement.

Pendant ce temps, mettez les pommes de terre dans une grande casserole d'eau bouillante salée et portez à ébullition. Baissez le feu et laissez frémir 15 à 20 minutes. Égouttez-les puis remettez-les dans la casserole. Écrasez-les avec du beurre, du lait et la moitié du fromage. Salez et poivrez.

Versez le mélange obtenu dans un plat à gratin de 2 litres, puis déposez la purée dessus et étalez-la sur toute la surface à l'aide d'une cuillère. Faites des rayures avec une fourchette sur la purée et saupoudrez le reste de fromage. Faites cuire 20 à 25 minutes au four préchauffé à 190 °C jusqu'à ce que le gratin soit doré.

tacos à la sauce pimentée

Pour **4 personnes**
Préparation **15 minutes**
Cuisson **25 minutes**

2 c. à s. d'**huile d'olive**
1 gros **oignon** finement émincé
2 gousses d'**ail** pilées
500 g de **bœuf maigre haché**
700 g de **coulis de tomate**
400 g de **haricots rouges** en boîte, égouttés
2 à 3 c. à s. de **sauce pimentée**
8 **tortillas au maïs**
125 g de **cheddar** râpé ou de **gruyère**
125 g de **crème aigre**
1 poignée de brins de **coriandre** fraîche
sel et **poivre**

Faites chauffer l'huile d'olive dans une casserole et faites revenir l'oignon et l'ail 5 minutes à feu vif.

Ajoutez la viande hachée et faites-la dorer 5 minutes. Pendant la cuisson, séparez la viande à l'aide d'une cuillère en bois. Incorporez le coulis de tomate, les haricots rouges, la sauce pimentée. Salez et poivrez. Portez à ébullition, baissez le feu et laissez mijoter 15 minutes sans couvrir jusqu'à épaississement.

Réchauffez les tortillas sur une grande plaque de cuisson 5 minutes au four préchauffé à 180 °C.

Pour chaque personne, nappez 2 tortillas de sauce pimentée, recouvrez d'un quart du fromage râpé et de la crème aigre et d'un peu de coriandre, roulez et servez.

Pour un chili aux lentilles et au poivron rouge, faites chauffer 2 cuillerées à soupe d'huile d'olive dans une casserole, ajoutez 1 gros oignon émincé, 1 poivron rouge évidé, égrené et coupé en rondelles, 2 gousses d'ail pilées et faites-les chauffer à feu vif pendant 5 minutes. Ajoutez 800 g de lentilles en boîte égouttées, le coulis de tomate, les haricots et la sauce pimentée. Salez et poivrez. Portez à ébullition, puis baissez le feu et laissez mijoter, sans couvrir, pendant 15 minutes. Pendant ce temps, faites cuire 300 g de riz basmati dans une grande casserole d'eau salée pendant 10 à 12 minutes, puis égouttez-le. Servez le chili avec le riz, le guacamole (voir page 26) et la crème aigre.

brochettes d'espadon et riz au citron

Pour **4 personnes**
Préparation **10 minutes**
+ repos
Cuisson **20 minutes**

3 c. à s. d'**huile d'olive** vierge extra
1 gros **oignon** finement émincé
2 c. à c. de **curcuma** moulu
1 c. à c. de **cannelle** moulue
le **zeste** râpé et le **jus** de 1 **citron**
300 g de **riz au jasmin**
750 ml de **bouillon de poule** (voir page 44 pour une recette de bouillon maison)
750 g de **steaks d'espadon** coupés en dés de 2,5 cm
2 c. à s. de **coriandre** fraîche hachée
sel et **poivre**
huile d'olive en spray pour graisser la poêle

Faites chauffer 2 cuillerées à soupe d'huile dans une casserole, ajoutez l'oignon, les épices et le zeste de citron. Salez et poivrez. Faites revenir 5 minutes à feu doux jusqu'à ce que l'oignon soit fondant.

Ajoutez le riz et mélangez bien. Versez le bouillon de poule et portez à ébullition. Baissez le feu, couvrez et laissez mijoter 10 minutes à feu doux. Incorporez le jus de citron, puis retirez la casserole du feu, couvrez et laissez reposer 10 minutes. Incorporez la coriandre.

Pendant ce temps, enfilez les dés d'espadon sur 8 brochettes en bois préalablement trempées 10 minutes dans de l'eau bouillante. Badigeonnez-les d'huile restante, salez et poivrez. Vaporisez d'huile un gril en fonte préchauffé. Posez les brochettes dessus et faites-les cuire 2 minutes de chaque côté jusqu'à ce qu'elles soient entièrement dorées. Servez le riz et les brochettes avec de la roquette si vous le souhaitez.

Pour un riz pilaf aux crevettes, cranberries et noix de cajou, préparez le riz et faites-le cuire comme indiqué ci-dessus. Faites-le mijoter 10 minutes à feu doux, incorporez le jus de citron, 375 g de crevettes cuites décortiquées, 50 g de noix de cajou grillées non salées et 50 g de cranberries séchées. Couvrez et laissez reposer 10 minutes avant de servir.

saumon au fenouil et aux tomates

Pour **4 personnes**
Préparation **10 minutes**
Cuisson **25 minutes**

4 **filets de saumon** de 175 à 250 g chacun
4 c. à s. de **jus de citron**
4 c. à s. d'**huile d'olive**
1 c. à s. de **vinaigre balsamique**
1 c. à s. de **miel** liquide
4 gousses d'**ail** finement émincées
2 **oignons rouges** coupés en quartiers
2 bulbes de **fenouil** coupés en quartiers
16 à 20 **tomates cerises**
sel et **poivre**

Salez et poivrez généreusement les filets de saumon et arrosez-les de jus de citron. Réservez.

Mélangez l'huile d'olive, le vinaigre, le miel et l'ail dans un bol. Salez et poivrez. Mettez les oignons, le fenouil et les tomates cerises dans un saladier et versez la sauce dessus. Mélangez bien pour enrober le tout, puis étalez-le sur une plaque de cuisson.

Faites rôtir 10 minutes au four préchauffé à 220 °C. Ajoutez les filets de saumon sur la plaque et faites-les rôtir encore 12 à 15 minutes.

Servez le saumon avec les légumes rôtis, du riz ou du couscous.

Pour un couscous au citron et aux herbes à servir en accompagnement, mettez 250 g de couscous dans un saladier résistant à la chaleur et versez 250 ml de bouillon de légumes bouillant (voir page 58 pour une recette de bouillon maison). Couvrez le saladier avec un torchon propre et laissez reposer 5 minutes jusqu'à ce que les grains gonflent et que tout le liquide soit absorbé. Incorporez 2 cuillerées à soupe d'huile d'olive vierge extra, le jus de 1 citron et 2 cuillerées à soupe d'herbes hachées, puis aérez les grains à l'aide d'une fourchette.

galettes de thon

Pour **4 personnes**
Préparation **10 minutes**
Cuisson **20 minutes**

850 g de **thon à l'huile d'olive** en boîte, égoutté
300 g de **ricotta**
6 **ciboules** finement hachées
le **zeste** râpé et le **jus** de 1 **citron vert**
1 c. à s. d'**aneth** hachée
1 **œuf** battu
3 c. à s. d'**huile d'olive** vierge extra
100 g de pousses de **roquette**
sel et **poivre**

Émiettez le thon dans un saladier et ajoutez la ricotta, les ciboules, le zeste de citron vert, l'aneth et l'œuf puis mélangez à l'aide d'une cuillère en bois. Salez et poivrez. Réservez 2 cuillerées à café de jus de citron vert et mélangez le reste avec le thon. Formez 12 galettes de 7 cm de diamètre.

Faites chauffer la moitié de l'huile d'olive dans une poêle. Faites cuire les galettes en 2 fournées, 4 à 5 minutes de chaque côté, à feu moyen, jusqu'à ce qu'elles soient dorées. Baissez le feu si elles brunissent trop et faites-les cuire encore 1 minute. Retirez les galettes de la poêle à l'aide d'une écumoire et gardez celles qui sont cuites au four préchauffé à 160 °C pendant que vous faites cuire le reste.

Pendant ce temps fouettez l'huile restante avec le jus de citron vert. Mélangez cette sauce avec les feuilles de roquette dans un saladier. Servez les croquettes avec la roquette et de la mayonnaise à l'ail et aux herbes (voir ci-dessous).

Pour une mayonnaise à l'ail et aux herbes express à servir avec les croquettes de poisson, ajoutez dans un saladier 1 gousse d'ail écrasée, 2 cuillerées à soupe de jus de citron vert, 1 cuillerée à soupe de coriandre fraîche hachée et 1 pincée de poivre de Cayenne avec une mayonnaise toute faite de bonne qualité. Mélangez bien. Goûtez et ajoutez plus d'ail si nécessaire.

salade chaude de Saint-Jacques

Pour **4 personnes**
Préparation **10 minutes**
Cuisson **3 minutes**

250 g de **fraises sauvages** équeutées
3 c. à s. de **vinaigre balsamique**
1 c. à s. de **jus de citron** + le jus de 1 citron
50 ml d'**huile d'olive**
12 grosses **noix de Saint-Jacques** sans le corail coupées en 3 tranches
250 g de **mesclun**
sel et **poivre**

Pour décorer
1 c. à s. d'**huile d'olive**
3 **poireaux** détaillés en julienne
20 **fraises sauvages** ou 8 grosses fraises tranchées

Placez les fraises, le vinaigre, 1 cuillerée à soupe de jus de citron et l'huile d'olive dans un robot ou un blender et mixez jusqu'à obtenir une purée lisse. Utilisez une passoire fine ou une mousseline pour retirer les pépins et réservez.

Salez et poivrez les noix de Saint-Jacques et assaisonnez-les avec le reste de jus de citron.

Préparez la garniture. Faites chauffer l'huile dans une poêle antiadhésive, ajoutez les poireaux et faites cuire 1 minute à feu vif en remuant jusqu'à ce qu'ils soient bien dorés. Retirez-les de la poêle et réservez-les.

Ajoutez les tranches de noix de Saint-Jacques dans la poêle et faites-les cuire 20 à 30 secondes de chaque côté. Séparez les feuilles de salade et répartissez-les en petit tas au centre de chaque assiette. Disposez les tranches de Saint-Jacques sur la salade.

Réchauffez la purée de fraises 20 à 30 secondes à feu doux dans une petite casserole, puis versez-la sur les Saint-Jacques et les feuilles de salade. Répartissez les poireaux dessus et décorez avec les fraises. Ajoutez 1 pincée de poivre et servez.

fish and chips au four

Pour **4 personnes**
Préparation **10 minutes**
Cuisson **35 à 40 minutes**

4 à 6 grosses **pommes de terre** à chair ferme, brossées
2 c. à s. d'**huile d'olive** + pour la friture
100 g de **chapelure**
50 g de **polenta**
1 c. à s. de **thym** effeuillé
4 filets de **haddock** ou de **morue** de 175 g chacun
3 c. à s. de **farine** salée et poivrée
2 **œufs** légèrement battus
sel et **poivre**
ketchup pour servir

Coupez chaque pomme de terre en 8 à 12 gros morceaux. Mélangez-les avec l'huile d'olive dans un plat à gratin, salez et poivrez. Faites-les rôtir 35 à 40 minutes au four préchauffé à 220 °C, en les retournant une fois, jusqu'à ce qu'elles soient entièrement dorées.

Pendant ce temps, mélangez la chapelure, la polenta, le thym, du sel et du poivre dans un bol. Passez chaque filet de poisson dans la farine assaisonnée, puis dans l'œuf battu et, pour finir, dans le mélange à chapelure, et recouvrez-en entièrement chaque filet.

Dix minutes environ avant que les frites ne soient prêtes, faites chauffer 1 cm d'huile dans une grande poêle, puis ajoutez le poisson en 2 fournées. Saisissez-le à feu moyen 2 à 3 minutes de chaque côté jusqu'à ce que la chapelure soit croustillante et dorée et que le poisson soit bien cuit. Retirez-le de la poêle avec une pelle à poisson et gardez-le au chaud dans le bas du four pendant que vous faites cuire le reste. Servez avec les frites cuites au four et du ketchup.

Pour des nuggets de poulet croustillants, coupez 2 escalopes de poulet en lamelles de 2,5 cm d'épaisseur. Suivez la recette ci-dessus, en passant chaque morceau de poulet dans la farine assaisonnée, puis dans l'œuf battu, et, pour finir, dans le mélange à chapelure, et recouvrez-en entièrement chaque morceau. Faites-les frire comme indiqué ci-dessus, en 2 fournées, 4 à 5 minutes de chaque côté jusqu'à ce qu'ils soient croustillants et dorés. Servez avec une mayonnaise à l'ail et aux herbes express (voir page 158).

saumon au jambon de Parme

Pour **4 personnes**
Préparation **10 minutes**
Cuisson **10 minutes**

4 **filets de saumon** sans peau de 175 g chacun
4 tranches fines de **fontina** sans croûte
16 feuilles de **sauge**
8 tranches fines de **jambon de Parme**
sel et **poivre**

pâtes à la roquette et au persil en accompagnement (voir ci-dessous)

Salez et poivrez les filets de saumon. Coupez des tranches de fontina de la même taille que les filets.

Disposez une tranche de fromage sur chaque filet de saumon, puis 4 feuilles de sauge. Enroulez 2 tranches de jambon de Parme autour de chaque filet de saumon pour faire tenir le fromage et la sauge.

Faites chauffer un gril en fonte. Quand il est bien chaud, posez les filets de saumon par-dessus et faites-les cuire 5 minutes de chaque côté, en les retournant délicatement à la mi-cuisson.

Servez le saumon chaud avec des pâtes à la roquette et au persil (voir ci-dessous).

Pour des pâtes à la roquette et au persil à servir en accompagnement, plongez 375 g de fusilli dans une grande casserole d'eau bouillante salée, ramenez à ébullition et faites cuire 10 à 12 minutes jusqu'à ce que les pâtes soient *al dente*. Égouttez-les bien, puis remettez-les dans la casserole. Ajoutez 2 cuillerées à soupe d'huile d'olive vierge extra, 50 g de pousses de roquette et 2 cuillerées à soupe de feuilles de persil plat hachées. Salez, poivrez et mélangez bien.

gratin de poisson

Pour **4 personnes**
Préparation **15 minutes**
Cuisson **40 minutes**

75 g de **beurre**
1 petit **oignon** finement émincé
1 **poireau** émincé
2 branches de **céleri** coupées en rondelles
2 gousses d'**ail** pilées
le **zeste** râpé de 1 **citron**
2 c. à c. d'**estragon** haché
300 ml de **crème fraîche épaisse**
500 g de **filet de poisson blanc** (haddock, morue, carrelet) coupé en cubes
150 g de **crevettes** crues décortiquées
1 petite **baguette** coupée en fines tranches
sel et **poivre**

Faites fondre 25 g de beurre dans une casserole, ajoutez l'oignon, le poireau, le céleri, l'ail, le zeste de citron et l'estragon. Salez et poivrez. Faites cuire à feu doux pendant 10 minutes. Ajoutez la crème et portez à ébullition, puis baissez le feu et laissez mijoter 2 minutes à feu doux jusqu'à ce que le mélange épaississe. Retirez la casserole du feu et incorporez le poisson et les crevettes.

Versez ce mélange dans un plat à tarte de 1 litre. Faites fondre le reste de beurre dans une petite casserole. Disposez les tranches de pain sur le poisson, en les faisant se chevaucher les unes sur les autres, et badigeonnez-les de beurre fondu.

Faites cuire 15 à 20 minutes au four préchauffé à 180 °C. Couvrez avec du papier d'aluminium et faites cuire encore 10 minutes.

Pour un gratin de crevettes au curry, après avoir fait cuire les légumes pendant 10 minutes comme indiqué ci-dessus, ajoutez 2 cuillerées à café de curry en poudre moyennement épicé et faites cuire à feu moyen 2 minutes sans cesser de remuer. Ajoutez la crème et portez à ébullition, puis baissez le feu et laissez mijoter 2 minutes à feu doux jusqu'à ce que le mélange épaississe. Retirez la casserole du feu et incorporez 125 g de petits pois décongelés avec le poisson et les crevettes. Versez ce mélange dans 4 plats à gratin individuels. Répartissez les tranches de pain dans les plats, badigeonnez-les de beurre fondu et faites-les cuire 15 minutes dans le four.

crevettes à la sauce tomate épicée

Pour **4 personnes**
Préparation **10 minutes**
Cuisson **10 à 12 minutes**

2 c. à s. d'**huile d'olive**
2 **oignons rouges** finement émincés
3 gousses d'**ail** pilées
1 **piment rouge**, égrené et coupé en lamelles
2 lamelles de **zeste de citron**
2 grosses **tomates**, épépinées et coupées en dés
150 ml de **bouillon de poisson** (voir ci-dessous la recette de bouillon maison)
500 g de grosses **crevettes tigrées** crues et décortiquées (réservez les têtes, les queues et les coquilles pour préparer le bouillon, facultatif)
sel et **poivre**
2 c. à s. de **persil** et d'**aneth** hachés

Faites chauffer l'huile d'olive dans une poêle à fond épais et faites revenir les oignons, l'ail, le piment et le zeste de citron 1 à 2 minutes à feu moyen, tout en remuant.

Ajoutez les tomates et le bouillon de poisson dans la poêle. Portez à ébullition, puis baissez le feu et laissez mijoter pendant 5 minutes.

Ajoutez les crevettes. Salez et poivrez à votre convenance et faites-les cuire, en les tournant de temps en temps, environ 4 minutes jusqu'à ce que les crevettes deviennent roses.

Saupoudrez de persil et d'aneth hachés et servez immédiatement.

Pour 1 litre de bouillon de poisson maison, mettez les têtes, les queues et les coquilles des crevettes dans un mortier et broyez-les délicatement à l'aide d'un pilon. Versez dans une casserole avec le jus de ½ citron et 150 ml de vin blanc sec, puis portez à ébullition. Ajoutez 1,2 litre d'eau, 1 oignon coupé en dés, 1 gousse d'ail entière pelée, 3 ou 4 tiges de persil et 2 ou 3 grains de poivre noir. Baissez le feu et laissez mijoter 15 minutes environ. Égouttez et passez au chinois.

plats végétariens & salades

pilaf aux légumes de printemps

Pour **4 personnes**
Préparation **10 minutes**
+ repos
Cuisson **20 minutes**

2 c. à s. d'**huile d'olive** vierge extra
1 **poireau** coupé en rondelles
1 **courgette** coupée en dés
le **zeste** râpé et le **jus** de 1 **citron**
2 gousses d'**ail** pilées
300 g de **riz à longs grains**
600 ml de **bouillon de légumes** chaud (voir page 58 pour une recette de bouillon maison)
150 g de **haricots verts** coupés en morceaux
150 g de **petits pois** frais ou surgelés
4 c. à s. d'**herbes fraîches** hachées : menthe, persil et ciboulette
50 g d'**amandes** effilées grillées
sel et **poivre**

Faites chauffer l'huile d'olive dans une grande poêle, ajoutez le poireau, la courgette, le zeste de citron, l'ail et un peu de sel et de poivre. Faites cuire 5 minutes à feu moyen-doux.

Ajoutez le riz, mélangez une fois, puis versez le bouillon de légumes chaud. Portez à ébullition, puis baissez le feu, couvrez et laissez mijoter 10 minutes à feu doux.

Incorporez les haricots verts et les petits pois, couvrez et faites cuire encore 5 minutes.

Retirez la poêle du feu et laissez reposer 5 minutes. Incorporez le jus de citron et les herbes. Saupoudrez d'amandes effilées puis servez.

Pour un riz pilaf aux légumes d'hiver et aux fruits, faites chauffer 2 cuillerées à soupe d'huile d'olive vierge extra dans une grande poêle, ajoutez 1 oignon rouge émincé, 1 cuillerée à café de coriandre moulue et 2 cuillerées à café de thym effeuillé. Faites cuire à feu moyen-doux 5 minutes. Ajoutez 375 g de chair de potiron coupée en dés avec le riz comme indiqué ci-dessus, mélangez une fois, puis versez le bouillon de légumes chaud. Portez à ébullition, puis baissez le feu, couvrez et laissez mijoter 10 minutes à feu doux. Incorporez 75 g de raisins avec les petits pois comme indiqué ci-dessus, couvrez et faites cuire encore 5 minutes. Retirez la poêle du feu et laissez reposer 5 minutes. Incorporez 2 cuillerées à soupe de coriandre fraîche hachée avec le jus de citron et les amandes.

spaghettis à la sauce tomate express

Pour **4 personnes**
Préparation **5 minutes**
Cuisson **30 minutes**

400 g de **spaghettis**
sel et **poivre**
25 g de **parmesan** fraîchement râpé pour servir

Sauce tomate express
800 g de **tomates en dés** en boîte
2 c. à s. d'**huile d'olive** vierge extra
2 grosses gousses d'**ail** pilées
1 c. à c. de **sucre** en poudre
¼ de c. à. c de **flocons de piment séchés**
2 c. à s. de **basilic** frais haché

Commencez par préparer la sauce tomate. Placez les tomates, l'huile d'olive, l'ail, le sucre, les flocons de piment et un peu de sel et de poivre dans une casserole puis portez à ébullition. Baissez le feu et laissez mijoter à feu doux 20 à 30 minutes jusqu'à obtenir une texture épaisse.

Incorporez le basilic et ajustez l'assaisonnement. Réservez au chaud.

Pendant ce temps plongez les pâtes dans un faitout d'eau bouillante légèrement salée. Amenez à ébullition et faites cuire 10 à 12 minutes jusqu'à ce que les pâtes soient *al dente*. Égouttez et répartissez les spaghettis dans des bols. Nappez les pâtes de sauce tomate et servez avec du parmesan.

Pour une sauce tomate épicée aux olives, suivez la recette ci-dessus, en ajoutant ½ cuillerée à café de flocons de piment séchés. Incorporez 125 g d'olives noires dénoyautées en fin de cuisson et réchauffez.

gratin d'aubergines à la mozzarella

Pour **4 personnes**
Préparation **15 minutes**
+ préparation de la sauce
Cuisson **25 à 30 minutes**

huile d'olive en spray pour graisser le plat
2 grosses **aubergines** de 500 g chacune
3 c. à s. d'**huile d'olive** vierge extra
sauce tomate express (voir la recette page 174)
250 g de **mozzarella** râpée
25 g de **parmesan** fraîchement râpé
sel et **poivre**

Vaporisez un peu d'huile dans un plat à gratin de 20 x 30 cm. Coupez les aubergines en fines tranches, badigeonnez-les d'huile d'olive, puis salez et poivrez. Mettez les aubergines au gril préchauffé 2 à 3 minutes de chaque côté jusqu'à ce qu'elles soient bien grillées et moelleuses.

Alternez les tranches d'aubergines, la sauce tomate et la mozzarella dans le plat à gratin. Empilez ainsi trois couches de chaque en terminant par la mozzarella. Saupoudrez de parmesan.

Faites cuire 20 à 25 minutes au four préchauffé à 200 °C jusqu'à ce que le gratin bouillonne et qu'il soit bien doré. Servez avec une salade verte croquante et du pain croustillant.

Pour faire des cannellonis d'aubergines et de mozzarella, préparez les aubergines et faites-les cuire au gril comme indiqué ci-dessus. Coupez la mozzarella en cubes. Enroulez les cubes de mozzarella avec 1 feuille de basilic dans les tranches d'aubergines pour former les cannellonis. Placez-les dans le plat à gratin huilé, versez la sauce tomate et recouvrez de 75 g de mozzarella râpée et de parmesan râpé. Faites cuire comme indiqué ci-dessus.

curry de légumes

Pour **4 personnes** en plat principal ou **6 personnes** en accompagnement
Préparation **15 minutes**
Cuisson **20 à 30 minutes**

2 à 3 c. à s. d'**huile végétale**
1 petit **oignon** émincé ou 2 c. à c. de **graines de cumin**
500 g de **légumes** : pommes de terre, carottes, rutabaga, petits pois, haricots verts et chou-fleur coupés en morceaux (les haricots verts peuvent rester entiers)
1 c. à c. de **piment en poudre**
2 c. à c. de **coriandre** moulue
½ c. à c. de **curcuma** moulu
2 ou 3 **tomates** pelées et hachées ou le jus de 1 **citron**
300 ml d'**eau** (facultatif)
sel

Faites chauffer l'huile dans une casserole à fond épais et faites revenir l'oignon à feu moyen, en remuant de temps en temps, pendant environ 10 minutes jusqu'à ce qu'il soit doré. Vous pouvez aussi ajouter les graines de cumin et les faire revenir, en remuant régulièrement, jusqu'à ce qu'elles crépitent.

Ajoutez les légumes, le piment en poudre, la coriandre, le curcuma et salez. Faites cuire, en remuant sans cesse, pendant 2 à 3 minutes.

Incorporez les tomates ou le jus de citron. Si vous préférez un curry de légumes sec, ajoutez seulement un tout petit peu d'eau, couvrez et faites cuire à feu doux 10 à 12 minutes jusqu'à ce que l'eau soit évaporée. Si vous préférez un curry plus moelleux, ajoutez 300 ml d'eau, couvrez et laissez mijoter 5 à 6 minutes jusqu'à ce que les légumes soient tendres.

Servez comme plat principal avec des nans, des chapatis ou du riz basmati, ou tel quel en accompagnement.

Pour des pitas au beurre épicé à servir en accompagnement, posez 4 grandes pitas rondes sur la plaque du four et placez-les au four préchauffé à 180 °C pendant 10 minutes. Pendant ce temps, placez 100 g de beurre, 1 gousse d'ail pilée, ½ cuillerée à café de coriandre moulue et 1 pincée de poivre de Cayenne dans une casserole. Faites cuire à feu doux 3 à 4 minutes jusqu'à ce que l'ail soit moelleux et doré. Enlevez les pitas du four et badigeonnez-les du mélange de beurre épicé.

tagine aux pois chiches

Pour **4 personnes**
Préparation **15 minutes**
Cuisson **40 minutes**

100 ml d'**huile d'olive** vierge extra
1 gros **oignon** finement émincé
2 gousses d'**ail** pilées
2 c. à c. de **coriandre** moulue
1 c. à c. de chaque : **cumin** moulu, **curcuma** moulu et **cannelle** moulue
1 grosse **aubergine** de 375 g coupée en dés
400 g de **pois chiches** en boîte, égouttés
400 g de **tomates en dés** en boîte
300 ml de **bouillon de légumes** chaud (voir page 58 pour une recette de bouillon maison)
250 g de **champignons de Paris**
75 g de **figues séchées** émincées
2 c. à s. de **coriandre** fraîche hachée
sel et **poivre**
citron confit en tranches pour servir

Faites chauffer 2 cuillerées à soupe d'huile d'olive dans une casserole et faites revenir l'oignon, l'ail, les épices 5 minutes à feu moyen, en remuant régulièrement, jusqu'à ce que l'ensemble soit légèrement doré.

Faites chauffer 2 autres cuillerées à soupe d'huile dans la casserole, ajoutez les dés d'aubergines et poursuivez la cuisson 4 à 5 minutes, en remuant, jusqu'à ce que l'ensemble ait une teinte brune. Ajoutez les pois chiches, les tomates, le bouillon de légumes et portez à ébullition. Baissez le feu, couvrez et laissez mijoter à feu doux pendant 20 minutes.

Pendant ce temps, faites chauffer le reste de l'huile dans une poêle, ajoutez les champignons et faites-les revenir 4 à 5 minutes à feu moyen jusqu'à ce qu'ils brunissent.

Ajoutez les champignons et les figues au tagine, et faites cuire encore 10 minutes. Incorporez la coriandre. Décorez avec des tranches de citron confit et servez avec le couscous (voir ci-dessous).

Pour un couscous au beurre à servir en accompagnement, mettez 250 g de couscous dans un bol résistant à la chaleur et versez 250 ml de bouillon de légumes bouillant. Couvrez le bol avec un torchon propre et laissez reposer 5 minutes jusqu'à ce que les grains gonflent et que tout le liquide ait été absorbé. Ajoutez 50 g de beurre ramolli coupé en dés et séparez délicatement les grains à l'aide d'une fourchette.

ratatouille

Pour **8 personnes**
Préparation **10 minutes**
Cuisson **30 minutes**

125 ml d'**huile d'olive**
2 grosses **aubergines** coupées en tranches de 1 cm dans le sens de la longueur
2 **courgettes** coupées en tranches de 1 cm
2 gros **poivrons rouges** évidés, égrenés et coupés en carré
1 gros **poivron jaune** évidé, égrené et coupé en carré
2 gros **oignons** finement émincés
3 grosses gousses d'**ail** pilées
2 c. à s. de **purée de tomate**
400 g de **tomates olivettes** en boîte
12 feuilles de **basilic** hachées
1 c. à c. de **marjolaine** et d'**origan** finement hachés
1 c. à c. de feuilles de **thym**
1 c. à s. de **paprika**
2 à 4 c. à s. de **persil** finement haché
sel et **poivre**

Faites chauffer la moitié de l'huile d'olive dans un plat à rôtir en le mettant dans un four préchauffé à 200 °C. Ajoutez les aubergines, les courgettes et les poivrons et mélangez-les dans l'huile bien chaude. Remettez le plat dans le four et faites rôtir 30 minutes environ.

Pendant ce temps, faites chauffer le reste de l'huile dans une grande casserole. Faites revenir les oignons et l'ail 3 à 5 minutes à feu moyen. Ajoutez la purée de tomate, les tomates olivettes en boîte, les herbes et le paprika. Salez et poivrez. Mélangez le tout, puis faites cuire 10 à 15 minutes jusqu'à ce que la sauce soit épaisse et sirupeuse.

À l'aide d'une écumoire, transvasez les légumes du plat à rôtir et mettez-les dans la sauce tomate. Mélangez délicatement, puis ajoutez le persil et ajustez l'assaisonnement si nécessaire. Servez chaud ou froid en accompagnement de viande ou de volaille.

Pour des tartelettes de ratatouille, découpez, à l'aide d'un emporte-pièce de 7 cm, 16 disques de pâte dans 2 rouleaux de pâtes à tarte de 30 cm. Garnissez des moules à tartelettes de 5 cm de diamètre des disques de pâte. Piquez la pâte avec une fourchette et placez-la 30 minutes dans le réfrigérateur. Pendant ce temps, préparez la ratatouille, en divisant les quantités par deux. Faites cuire les tartelettes au four préchauffé à 200 °C pendant 10 à 12 minutes. Garnissez de ratatouille chaude chaque tartelette à l'aide d'une cuillère, et saupoudrez 25 g de parmesan râpé. Servez à l'apéritif.

tarte à l'halloumi et aux figues

Pour **2 personnes**
Préparation **10 minutes**
Cuisson **25 minutes**

1 **pâte feuilletée** carrée de 25 cm, décongelée si surgelée
3 c. à s. de **pesto** vert (voir page 128 pour une recette maison)
4 **figues** fraîches coupées en quartiers
200 g d'**halloumi** coupé en fines rondelles
50 g d'**olives noires**, dénoyautées et coupées en deux
2 c. à s. de **parmesan** fraîchement râpé
quelques feuilles de **menthe** pour décorer
sel et **poivre**

Étalez la pâte sur une plaque du four et formez un trottoir de 1 cm. Piquez la pâte avec une fourchette et étalez le pesto.

Disposez les figues, l'halloumi et les olives sur le pesto et saupoudrez de parmesan.

Placez la plaque du four sur une autre plaque de four préchauffée (la pâte sera ainsi bien croustillante) et faites cuire 10 minutes au four préchauffé à 200 °C. Réduisez la température à 160 °C et laissez cuire encore 15 minutes jusqu'à ce que la pâte soit croustillante. Dispersez les feuilles de menthe sur la tarte et servez avec de la roquette.

Pour réaliser des petits canapés, découpez des disques dans la pâte avec un emporte-pièce de 5 cm. Posez sur chaque disque de pâte 1 cuillerée à café de tapenade et 1 tranche de figue fraîche. Répartissez dessus 150 g de fromage de chèvre émietté. Saupoudrez de parmesan et faites cuire 8 à 10 minutes comme indiqué ci-dessus. Servez chaud.

soufflé au fromage et à la tomate

Pour **4 personnes**
Préparation **15 minutes**
+ refroidissement
Cuisson **45 à 50 minutes**`

25 g de **beurre**
+ un peu pour graisser le plat
1 gousse d'**ail** pilée
1 petit **oignon** émincé
375 g de **tomates pelées** concassées
2 c. à c. d'**origan** séché
6 à 8 **olives noires** dénoyautées et coupées
sel et **poivre**

Soufflé
40 g de **beurre**
40 g de **farine**
300 ml de **crème liquide** ou de **lait**
3 gros **œufs**, jaunes et blancs séparés
150 g de **fromage à l'ail et aux fines herbes** émietté

Faites fondre le beurre dans une casserole à fond épais et faites revenir l'ail, l'oignon et les tomates 3 à 4 minutes à feu doux, en remuant de temps en temps. Ajoutez l'origan et les olives, salez et poivrez. Retirez la casserole du feu et réservez.

Pour le soufflé, faites fondre le beurre dans une casserole, ajoutez la farine et mélangez constamment pendant 1 minute. Retirez la casserole du feu et ajoutez petit à petit la crème liquide ou le lait, en remuant vigoureusement à chaque fois pour que l'ensemble soit parfaitement incorporé. Remettez la casserole sur le feu et portez à ébullition, en remuant sans cesse, jusqu'à ce que le mélange s'épaississe. Retirez la casserole du feu et fouettez en ajoutant un jaune d'œuf à la fois. Incorporez le fromage et mélangez jusqu'à ce qu'il fonde complètement. Retirez la casserole du feu et réservez.

Battez les blancs d'œufs en neige dans un saladier. Mélangez environ 2 cuillerées à soupe de blancs d'œufs avec le fromage, puis incorporez délicatement le reste de blancs d'œufs avec une cuillère en métal.

Beurrez un plat à soufflé de 1,5 litre et posez-le sur la plaque du four. Étalez la sauce tomate refroidie au fond du plat et recouvrez avec la pâte à soufflé. Faites cuire immédiatement au four préchauffé à 190 °C pendant 35 à 40 minutes jusqu'à ce que le soufflé soit bien gonflé et bien doré. Servez immédiatement.

tarte au fromage et aux épinards

Pour **4 personnes**
Préparation **10 minutes**
Cuisson **25 minutes**

50 g de **beurre**
1 petit **oignon** finement émincé
1 gousse d'**ail** pilée
2 c. à c. de **thym** émietté
250 g de feuilles d'**épinards**, décongelés si surgelés
175 ml de **crème liquide**
2 **œufs** battus
25 g de **parmesan** fraîchement râpé
20 cm de **pâte feuilletée** surgelé (à cuisiner sans décongélation)
sel et **poivre**

Faites fondre le beurre dans une grande poêle, ajoutez l'oignon, l'ail et le thym. Salez et poivrez à votre convenance et faites cuire 5 minutes. Faites dégorger les feuilles d'épinards, mettez-les dans la poêle et faites-les cuire, en remuant, pendant 2 à 3 minutes jusqu'à ce qu'ils soient bien cuits.

Battez ensemble la crème liquide, les œufs et le parmesan dans un bol. Ajoutez une pincée de sel et de poivre. À l'aide d'une cuillère, étalez le mélange d'épinards dans le plat à tarte recouvert de pâte, puis versez délicatement la crème. Enfournez la tarte sur une plaque de cuisson 20 minutes dans un four préchauffé à 200 °C. Servez avec de la salade verte.

Pour une tarte aux champignons et à la crème aigre, faites cuire l'oignon, l'ail et le thym dans le beurre comme indiqué ci-dessus. Ajoutez 375 g de champignons de Paris coupés en deux dans la poêle et faites cuire jusqu'à ce qu'ils brunissent. Ne mettez pas d'épinard et poursuivez la recette comme indiqué ci-dessus, puis remplacez la crème liquide par 175 ml de crème aigre.

fondue de camembert

Pour **4 personnes**
Préparation **5 minutes**
Cuisson **12 à 15 minutes**

1 **camembert** entier de 200 g
1 c. à s. d'**huile d'olive** vierge extra
1 c. à s. de **miel** liquide
2 c. à c. de feuilles de **thym** + quelques-unes pour décorer
1 **baguette** tranchée
250 g de **tomates cerises**
1 **pomme** ou 1 **poire** coupée en tranches
sel et **poivre**

Posez le camembert sur la plaque du four recouverte de papier d'aluminium. Arrosez d'huile d'olive et de miel puis parsemez de thym. Salez et poivrez.

Faites cuire au four préchauffé à 200 °C pendant 12 à 15 minutes jusqu'à ce que le fromage grésille et que la croûte commence à céder.

Posez délicatement le fromage sur un plat et servez avec du pain, des tomates cerises et des fruits pour tremper dans le fromage coulant.

Pour une fondue de fromage aux fruits et aux noix, préparez le fromage et faites-le cuire comme indiqué ci-dessus, puis posez dessus 2 quartiers de figue fraîche et 2 cuillerées à soupe de noix de pécan grillées et grossièrement concassées.

gratin de pâtes aux champignons

Pour **4 personnes**
Préparation **10 minutes**
Cuisson **35 à 40 minutes**

huile d'olive en spray pour graisser les plats
3 c. à s. d'**huile d'olive** vierge extra
1 **oignon** finement émincé
2 gousses d'**ail** pilées
2 c. à c. de **sauge** hachée
250 g de **champignons de Paris** coupés en quatre
500 g de **sauce au fromage** (voir une recette maison ci-dessous)
375 g de **penne**
2 c. à s. de **persil** haché
4 c.à s. de **parmesan** fraîchement râpé
sel et **poivre**

Vaporisez légèrement d'huile d'olive 4 plats à gratin de 300 ml. Faites chauffer 1 cuillerée à soupe d'huile d'olive dans une poêle, ajoutez l'oignon, l'ail et la sauge. Salez et poivrez et faites cuire 10 minutes à feu doux. Ajoutez l'huile restante, puis augmentez le feu. Ajoutez les champignons et faites cuire, en remuant, 3 à 4 minutes.

Ajoutez la sauce au fromage et faites chauffer à feu doux 2 à 3 minutes.

Pendant ce temps, plongez les pâtes dans un faitout d'eau bouillante légèrement salée. Amenez à ébullition et faites cuire 10 à 12 minutes. Égouttez-les bien, puis remettez-les dans le faitout. Incorporez la sauce dans les pâtes, ajoutez le persil, puis salez et poivrez.

Répartissez les pâtes dans les plats à gratin et saupoudrez de parmesan. Faites cuire dans un four préchauffé à 190 °C pendant 15 à 20 minutes. Servez avec une salade verte croquante.

Pour une sauce au fromage maison, faites fondre 50 g de beurre doux dans une casserole, puis mélangez-les avec 50 g de farine. Faites cuire à feu doux, en remuant, pendant 1 minute. Ajoutez petit à petit 600 ml de lait et faites cuire, en remuant sans cesse, jusqu'à obtenir une sauce homogène. Portez à ébullition, en remuant, puis baissez le feu et laissez mijoter 2 minutes. Salez et poivrez puis retirez la casserole du feu. Incorporez 100 g de cheddar ou de gruyère râpé.

gâteaux de risotto aux marrons

Pour **4 personnes**
Préparation **10 minutes**
+ trempage
Cuisson **20 minutes**

15 g de **cèpes secs**
1 c. à s. d'**huile d'olive**
175 g de **riz à risotto**
600 ml de **bouillon de légumes** chaud (voir page 58 pour une recette maison)
50 g de **beurre**
1 **oignon** émincé
3 gousses d'**ail** pilées
200 g de **marrons grillés** pelés et hachés
75 g de **parmesan** fraîchement râpé
1 **œuf** légèrement battu
50 g de **polenta**
huile végétale pour la friture
sel et **poivre**
quartiers de citron pour décorer

Mettez les cèpes secs dans un bol résistant à la chaleur et recouvrez-les d'eau bouillante. Laissez-les tremper pendant que vous préparez le riz.

Faites chauffer l'huile d'olive dans une casserole à fond épais, ajoutez le riz et mélangez bien de façon à enrober chaque grain d'huile. Ajoutez le bouillon de légumes chaud et portez à ébullition. Baissez le feu, couvrez à moitié et laissez mijoter, en remuant fréquemment, pendant 12 à 15 minutes, jusqu'à ce que le riz soit moelleux et que le bouillon de légumes ait été absorbé. Transvasez-le dans un saladier.

Pendant ce temps, faites fondre le beurre dans une poêle et faites revenir l'oignon et l'ail 5 minutes à feu doux.

Égouttez les cèpes et coupez-les, puis ajoutez-les au riz avec le mélange oignon-ail, les marrons, le parmesan et l'œuf. Mélangez jusqu'à ce que vous obteniez une ensemble homogène. Salez et poivrez.

Répartissez le mélange en 12 parts égales. Formez un gâteau avec chaque part et roulez-le dans la polenta. Faites chauffer l'huile végétale dans une poêle peu profonde, posez les gâteaux et faites-les frire 2 minutes de chaque côté jusqu'à ce qu'ils soient bien dorés. Décorez chaque assiette avec un quartier de citron et servez immédiatement avec du mesclun.

couscous aux légumes rôtis

Pour **6 personnes**
Préparation **15 minutes**
+ trempage
Cuisson **25 minutes**

500 g de **potiron** pelé, égrené et coupé en dés
4 **courgettes** coupées en dés
1 **oignon rouge** coupé en quartiers
75 ml d'**huile d'olive** vierge extra
200 g de **couscous**
250 ml d'**eau bouillante**
250 g de **tomates cerises** coupées en deux
2 c. à s. de **coriandre** fraîche, de **menthe** et de **persil** hachés
le **jus** de 1 gros **citron**
sel et **poivre**

Mettez le potiron, les courgettes et l'oignon dans un plat à rôtir avec 2 cuillerées à soupe d'huile d'olive. Salez et poivrez puis mélangez.

Faites rôtir 25 minutes dans un four préchauffé à 220 °C.

Pendant ce temps, mettez le couscous dans un bol résistant à la chaleur puis versez l'eau bouillante. Couvrez le bol avec un torchon propre et laissez reposer 5 minutes jusqu'à ce que les grains gonflent et que tout le liquide soit absorbé.

Aérez les grains à l'aide d'une fourchette, puis mélangez-les avec les légumes rôtis, les tomates cerises et les herbes.

Battez ensemble l'huile d'olive restante et le jus de citron dans un petit bol, puis salez et poivrez.

Pour des brochettes et légumes à servir avec le couscous aux herbes, coupez 4 courgettes et 1 oignon rouge en morceaux. Enlevez la queue du poivron rouge, égrenez-le puis coupez-le en morceaux. Enfilez les légumes sur une brochette en métal, puis intercalez 16 champignons de Paris. Badigeonnez d'huile d'olive, salez et poivrez. Faites cuire les brochettes au gril préchauffé pendant 8 à 10 minutes, en les retournant à mi-cuisson. Préparez le couscous comme indiqué ci-dessus et servez avec les brochettes de légumes.

salade de haricots verts au chèvre

Pour **4 personnes**
Préparation **10 minutes**
Cuisson **3 minutes**

500 g de **haricots verts** fins
150 g de **fromage de chèvre** émietté
100 g de **noix de pécan** grillées
125 g de pousses de **roquette**
1 grosse poignée de feuilles de **persil plat**

Vinaigrette
3 c. à s. d'**huile de noix**
1 c. à s. d'**huile d'olive** vierge extra
1 c. à s. de **vinaigre de xérès**
1 c. à c. de **sucre en poudre**
1 petite gousse d'**ail** pilée
sel et **poivre**

Faites cuire les haricots verts 3 minutes dans une casserole d'eau bouillante légèrement salée.

Égouttez bien les haricots verts et passez-les sous l'eau fraîche. Épongez-les avec du papier absorbant. Mettez-les dans un saladier avec le fromage de chèvre, les noix de pécan, la roquette et le persil.

Préparez la vinaigrette. Battez les ingrédients ensemble dans un bol. Ajoutez la salade, mélangez bien et servez.

Pour assaisonner une salade de haricots verts avec une vinaigrette au fromage de chèvre, préparez la salade comme indiqué ci-dessus sans le fromage de chèvre. Placez 100 g de fromage de chèvre émietté dans un saladier et mélangez 1 cuillerée à soupe de vinaigre de framboise, 2 cuillerées à soupe de miel liquide, 125 ml d'huile d'olive vierge extra et 2 cuillerées à soupe d'eau bouillante. Salez et poivrez. Versez la vinaigrette sur la salade puis servez.

salade de lentilles au chèvre

Pour **4 personnes**
Préparation **10 minutes**
Cuisson **20 à 30 minutes**

2 c. à c. d'**huile d'olive**
2 c. à c. de **graines de cumin**
2 gousses d'**ail** pilées
2 c. à c. de **gingembre** frais râpé
125 g de **lentilles du Puy**
750 ml de **bouillon de légumes** (voir page 58 pour une recette de bouillon maison)
2 c. à s. de **menthe** hachée
2 c. à s. de **coriandre** fraîche hachée
½ **citron vert**
150 g de pousses d'**épinards**
125 g de **fromage de chèvre** émietté
poivre

Faites chauffer l'huile dans une casserole et faites revenir les graines de cumin, l'ail et le gingembre pendant 1 minute à feu moyen, en remuant.

Ajoutez les lentilles et faites cuire encore 1 minute.

Ajoutez 1 grosse louche de bouillon de légumes à la fois. Poursuivez la cuisson jusqu'à ce que chaque louche ait été absorbée avant d'en ajouter une autre. Continuez ainsi jusqu'à ce que tout le bouillon soit absorbé. Cette opération ne doit pas prendre plus de 20 à 30 minutes. Retirez la casserole du feu et incorporez la menthe, la coriandre et un filet de jus de citron vert.

Pour servir, répartissez les pousses d'épinards dans 4 bols, disposez les lentilles ainsi que le fromage de chèvre puis poivrez.

Pour une salade de lentilles à l'halloumi grillé, préparez la salade de lentilles comme indiqué ci-dessus, mais ne mettez pas le fromage de chèvre et remplacez les pousses d'épinards par 150 g de roquette. Coupez 250 g d'halloumi en 8 tranches. Faites chauffer une poêle antiadhésive, ajoutez les tranches de fromage et faites-les cuire à feu vif 1 minute de chaque côté jusqu'à ce qu'elles soient grillées et moelleuses. Disposez les tranches d'halloumi sur la salade, pressez le jus de ½ citron et versez un filet d'huile d'olive vierge extra.

salade de patates douces rôties

Pour **4 personnes**
Préparation **15 minutes**
+ refroidissement
Cuisson **30 à 35 minutes**

500 g de **patates douces**, pelées et coupées en cubes
2 c. à s. d'**huile d'olive** vierge extra
1 c. à c. de **coriandre** moulue
½ c. à c. de **cumin** moulu
¼ de c. à c. de **cannelle** moulue
175 g de **haricots verts**
150 g de pousses d'**épinards**
50 g de **pistaches** grillées
sel et **poivre**

Sauce
2 c. à s. de **yaourt nature**
1 petite gousse d'**ail** pilée
1 gros **piment rouge** égrené et coupé en fines lamelles
1 c. à s. de **jus de citron**
1 c. à c. de **miel** liquide
50 ml d'**huile d'olive** vierge extra

Placez les patates douces dans un plat à rôtir. Mélangez l'huile d'olive et les épices dans un bol. Salez et poivrez. Versez l'huile et les épices sur les patates douces puis mélangez pour qu'elles en soient entièrement recouvertes.

Faites rôtir les patates douces dans un four préchauffé à 220 °C pendant 30 à 35 minutes, en remuant à mi-cuisson. Laissez reposer 30 minutes.

Pendant ce temps, faites blanchir les haricots verts 2 à 3 minutes dans une casserole d'eau bouillante salée. Égouttez-les, puis passez-les sous l'eau froide. Égouttez-les de nouveau.

Placez les haricots verts dans un saladier avec les patates douces froides, les pousses d'épinards et les pistaches.

Préparez la sauce. Mélangez dans un bol le yaourt, l'ail, le piment, le jus de citron et le miel. Salez et poivrez. Ajoutez l'huile et battez l'ensemble. Versez cette sauce sur la salade, mélangez bien et servez.

Pour une sauce au sésame et au soja, mélangez 2 cuillerées à soupe d'huile d'olive, 2 cuillerées à soupe d'huile de sésame, 1 cuillerée à soupe de sauce soja allégée en sel, 1 cuillerée à café de miel et un peu de poivre dans un bol. Préparez la salade comme indiqué ci-dessus. Versez la sauce sur la salade et parsemez 2 cuillerées à soupe de graines de sésame grillées.

gâteaux & desserts faciles

crèmes de citron aux framboises

Pour **4 personnes**
Préparation **5 minutes**
+ refroidissement et repos
Cuisson **5 minutes**

400 ml de **crème fraîche épaisse**
100 g de **sucre en poudre**
100 ml de **jus de citron**
150 g de **framboises** fraîches
2 c. à s. de **sucre glace**

Faites chauffer la crème fraîche et le sucre dans une casserole jusqu'à ce que le sucre fonde. Portez à ébullition, puis baissez le feu et laissez mijoter pendant 3 minutes.

Retirez la casserole du feu, ajoutez le jus de citron et versez immédiatement ce mélange dans 4 ramequins de 150 ml chacun. Laissez-les refroidir complètement, puis mettez-les au réfrigérateur toute la nuit.

Mélangez les framboises et le sucre glace dans un saladier et écrasez-les délicatement. Laissez reposer 30 minutes jusqu'à ce que le mélange obtenu soit bien juteux. À l'aide d'une cuillère, déposez les framboises sur les crèmes de citron et servez avec des petits gâteaux croustillants à la cannelle (voir ci-dessous).

Pour des petits gâteaux croustillants à la cannelle à servir en accompagnement, vaporisez légèrement 2 plaques du four d'huile d'olive. Mettez 250 g de beurre doux ramolli, 125 g de sucre en poudre, 1 cuillerée à soupe de lait, 300 g de farine à levure incorporée et 1 cuillerée à soupe de cannelle moulue dans un robot. Mixez jusqu'à ce que ce mélange soit bien onctueux. Prenez des morceaux de pâte, roulez-les à la main et aplatissez-les pour former des disques de 5 cm de diamètre. Placez-les sur les plaques du four préparées, puis faites-les cuire au four préchauffé à 180 °C pendant 12 à 15 minutes. Laissez reposer sur les plaques du four pendant 5 minutes, puis posez-les sur une grille jusqu'à refroidissement complet.

moelleux au caramel collant

Pour **4 personnes**
Préparation **10 minutes**
Cuisson **25 à 30 minutes**

huile d'olive en spray pour huiler les plats
2 c. à s. de **golden syrup**
2 c. à s. de **black treacle** (mélasse noire anglaise)
150 g de **beurre** ramolli
2 c. à s. de **crème fraîche épaisse**
125 g de **sucre en poudre**
2 **œufs** battus
100 g de **farine à levure incorporée**
50 g de **noix** légèrement grillées et moulues

Vaporisez légèrement d'huile 4 ramequins de 200 ml. Dans une petite casserole, faites chauffer le golden syrup, le black treacle et 50 g de beurre jusqu'à ce qu'ils fondent. Répartissez la moitié du sirop obtenu dans les ramequins huilés. Incorporez la crème fraîche au reste du mélange et réservez.

Mixez le reste de beurre et le sucre. Ajoutez les œufs et la farine puis mixez de nouveau. Incorporez les noix.

Versez la pâte à gâteau dans les ramequins à l'aide d'une cuillère de façon à recouvrir le sirop. Posez les ramequins dans un plat à rôtir peu profond et faites-les cuire au four préchauffé à 180 °C pendant 25 à 30 minutes.

Retirez les ramequins du four et laissez-les reposer 5 minutes. Pendant ce temps, faites chauffer le reste de sirop. Démoulez les moelleux et versez le sirop dessus. Servez avec de la crème anglaise (voir page 218 pour une recette maison) ou de la crème fraîche épaisse.

Pour des moelleux collants datte-orange, préparez le golden syrup et le black treacle. Répartissez la moitié de ce sirop dans les ramequins, puis incorporez la crème fraîche au reste du mélange comme indiqué ci-dessus. Mixez le reste de beurre et le sucre, puis ajoutez les œufs et la farine. Incorporez 125 g de dattes en petits morceaux, 1 zeste d'orange râpée et 25 g de noix de pécan. Versez le mélange obtenu dans les ramequins et faites cuire comme ci-dessus. Versez le sirop chaud sur les moelleux.

pudding d'été

Pour **8 personnes**
Préparation **15 minutes**
+ refroidissement
Cuisson **10 à 15 minutes**

250 g de **groseilles** fraîches ou surgelées (à décongeler) + quelques branches pour décorer (facultatif)
125 g de **sucre en poudre**
250 g de **fraises** fraîches ou surgelées (à décongeler)
250 g de **framboises** fraîches ou surgelées (à décongeler)
8 tranches de **pain de mie** sans croûte

Placez les groseilles et le sucre dans une casserole à fond épais. Faites-les cuire à feu doux pendant 10 à 15 minutes, en remuant de temps en temps, jusqu'à ce que les groseilles ramollissent. Ajoutez les fraises et les framboises, retirez la casserole du feu et laissez refroidir. Égouttez les fruits et réservez leur jus.

Préparez des tranches de pain de mie de la forme du plat. Recouvrez le fond et les parois d'un moule à pudding de 900 ml avec les tranches préalablement trempées dans le jus de fruits rouges.

Versez la moitié des fruits et recouvrez-les d'une couche de pain imbibé, puis ajoutez le reste de fruits. Terminez par une couche de pain imbibé.

Couvrez avec une soucoupe assez petite pour entrer dans le moule et placez dessus un poids de 500 g. Mettez au réfrigérateur toute la nuit.

Démoulez le pudding sur une assiette, versez le reste de jus de fruits et décorez avec quelques branches de groseilles, au centre du pudding, si vous le souhaitez. Servez avec une crème fouettée ou liquide.

pudding chocolat framboises

Pour **6 personnes**
Préparation **15 minutes**
Cuisson **40 à 45 minutes**

huile d'olive en spray pour huiler le plat
175 g de **framboises** fraîches
125 g de **farine à levure incorporée**
400 g de **cacao en poudre**
100 g de **sucre en poudre**
250 ml de **lait**
75 g de **beurre doux** fondu
2 **œufs** battus

Nappage
75 g de **sucre en poudre**
75 g de **cassonade** blonde
2 c. à s. de **cacao en poudre**
350 ml d'**eau bouillante**
sucre glace pour saupoudrer

Vaporisez légèrement d'huile un moule à gâteau de 1 litre. Répartissez les framboises au fond du plat.

Tamisez la farine et le cacao dans un saladier et incorporez le sucre en poudre. Faites un puits au centre et versez à l'intérieur le lait, le beurre fondu et les œufs. Battez jusqu'à obtenir une pâte homogène (elle doit être assez liquide). Versez la pâte dans le plat pour recouvrir les framboises.

Préparez le nappage. Mélangez le sucre en poudre, la cassonade et le cacao, puis saupoudrez-en le dessus de la pâte au chocolat. Versez très délicatement l'eau bouillante dessus aussi uniformément que possible.

Faites cuire au four préchauffé à 180 °C pendant 40 à 45 minutes jusqu'à ce que le gâteau soit ferme au toucher et que le jus bouillant sorte en surface. Laissez reposer pendant 5 minutes, puis saupoudrez de sucre glace et servez.

Pour un gâteau au chocolat et à l'orange, préparez la pâte au chocolat comme indiqué ci-dessus. Ne mettez pas les framboises. Versez la pâte dans le moule à gâteau. Pour le nappage, mélangez le sucre en poudre, la cassonade et le cacao, puis saupoudrez-en la pâte au chocolat, comme indiqué ci-dessus. Versez 350 ml de jus d'orange dans une casserole et portez à ébullition. Ajoutez 2 cuillerées à soupe de Cointreau ou de brandy. Versez sur la pâte au chocolat. Faites cuire au four comme ci-dessus, saupoudrez de sucre glace et servez avec une crème fouettée.

gâteau de riz vénitien

Pour **4 personnes**
Préparation **10 minutes**
+ trempage
Cuisson **20 à 30 minutes**

75 g de **raisins secs**
3 c. à s. de **xérès** (facultatif)
600 ml de **lait demi-écrémé** chaud
150 ml de **crème fraîche épaisse**
1 **gousse de vanille** coupée dans le sens de la longueur, ou 2 c. à c. d'**extrait de vanille**
50 g de **sucre en poudre**
½ c. à c. de **quatre-épices** en poudre
le **zeste** râpé de 1 **citron**
125 g de **riz à risotto**
lanières d'écorce de citron pour décorer

Dans un saladier, faites tremper les raisins secs dans le xérès pendant que vous préparez le risotto.

Mettez le lait, la crème fraîche, la gousse ou l'extrait de vanille, le sucre, les épices et le zeste de citron râpé dans une casserole et portez quasiment à ébullition.

Ajoutez le riz dans la casserole et faites cuire à feu très doux, en remuant régulièrement, pendant 20 à 30 minutes jusqu'à ce que le riz soit crémeux. Les grains, quant à eux, doivent être encore bien fermes.

Incorporez les raisins secs et le xérès. Servez chaud ou froid et décorez avec les lanières d'écorce de citron.

Pour un riz au lait de coco et à la mangue, mettez 150 g de riz rond, 1 litre de lait de coco et 50 g de sucre en poudre dans une casserole. Portez à ébullition, puis baissez le feu et faites cuire à feu doux, en remuant de temps en temps, pendant 25 à 30 minutes jusqu'à ce que le lait ait été absorbé et que le riz soit moelleux. Versez dans des bols à l'aide d'une cuillère et décorez avec une mangue pelée, dénoyautée et coupée en tranches ainsi qu'un filet de miel liquide.

crumble de fruits rouges au muesli

Pour **4 personnes**
Préparation **10 minutes**
Cuisson **20 minutes**

huile d'olive en spray pour huiler les plats
150 g de **myrtilles** fraîches
150 g de **fraises** fraîches, équeutées et coupées en deux
2 **pêches** coupées en quartiers, dénoyautées et tranchées
4 c. à s. de **jus d'orange**
2 c. à s. de **cassonade** blonde
25 g de **beurre** coupé en dés
250 g de **muesli** de bonne qualité
1 c. à s. de **farine**
4 c. à s. de **crème liquide** + quelques cuillerées pour servir

Vaporisez légèrement d'huile 4 ramequins de 250 ml. Mélangez les myrtilles, les fraises, les pêches, le jus d'orange et la cassonade dans un saladier, puis répartissez ce mélange dans les ramequins huilés. Ajoutez la moitié du beurre dans les ramequins.

Mettez le muesli dans un saladier, ajoutez la farine et la crème liquide. Mélangez jusqu'à ce que le muesli soit bien imbibé. Versez ce mélange sur les fruits dans les ramequins et ajoutez le reste de beurre.

Disposez les ramequins dans un plat à rôtir peu profond et faites-les cuire 20 minutes au four préchauffé à 180 °C. Servez avec de la crème liquide.

Pour un crumble aux pommes et aux mûres, mettez 500 g de pommes pelées coupées en dés et 125 g de mûres fraîches ou surgelées dans une casserole avec 2 cuillerées à soupe de sucre en poudre, 25 g de beurre, 1 cuillerée à café de cannelle moulue et 4 cuillerées à soupe d'eau. Faites réchauffer 5 minutes jusqu'à ce que le beurre fonde et que les fruits soient moelleux. Répartissez dans les ramequins huilés, recouvrez de muesli et faites cuire comme indiqué ci-dessus. Servez avec une crème anglaise (voir page 218 pour une recette maison).

tarte aux pommes

Pour **6 personnes**
Préparation **10 minutes**
Cuisson **20 à 25 minutes**

- 1 grande **pâte à tarte sablée** carrée de 30 cm, décongelée si surgelée
- 500 g de **pommes granny-smith** pelées, évidées et coupées en fines tranches
- 50 g de **raisins**
- 25 g de **cassonade** blonde
- 25 g de **beurre** fondu
- ½ c. à c. de **cannelle** moulue
- 1 c. à s. de **lait**
- 1 c. à s. de **sucre glace** + quelques cuillerées pour servir

Étalez la pâte sur une plaque de four tapissée de papier sulfurisé. Taillez chaque coin pour former une pâte plus ou moins ronde.

Mélangez les pommes, les raisins, la cassonade, le beurre fondu et la cannelle dans un bol jusqu'à ce que l'ensemble soit homogène. À l'aide d'une cuillère, étalez ce mélange sur la pâte en laissant 2,5 cm de bord. Relevez les coins sur la garniture et formez une croûte. Badigeonnez la pâte avec du lait et saupoudrez de sucre glace.

Faites cuire 20 à 25 minutes au four préchauffé à 180 °C jusqu'à ce que la pâte soit dorée et que les fruits soient moelleux. Saupoudrez avec le reste de sucre glace et servez chaud avec de la crème anglaise (voir ci-dessous).

Pour une crème anglaise maison à servir en accompagnement, mettez 600 ml de lait et 1 gousse de vanille coupée dans le sens de la longueur dans une casserole. Faites cuire à feu doux jusqu'à ébullition. Retirez la casserole du feu et laissez infuser 15 minutes. Retirez la gousse de vanille de la casserole. Battez 6 jaunes d'œufs et 2 cuillerées à soupe de sucre en poudre dans un saladier jusqu'à ce que le mélange devienne blanc et crémeux, puis incorporez le lait à la vanille. Remettez la casserole sur le feu et faites cuire, en remuant sans cesse, jusqu'à ce que le mélange nappe le dos de la cuillère. Ne laissez pas la crème anglaise bouillir car elle risque de tourner. Servez chaud.

pudding au pain et au beurre

Pour **4 personnes**
Préparation **15 minutes**
+ repos
Cuisson **30 à 40 minutes**

4 fines tranches de **pain de mie** de la veille
50 g de **beurre doux** + un peu pour beurrer la terrine
50 g de **raisins secs**
25 g d'**agrumes confits** (facultatif)
le **zeste** râpé de 1 **citron**
300 ml de **crème liquide** et 300 ml de **lait**, ou 600 ml de **lait**
2 **œufs** + 2 **jaunes d'œufs**
25 g de **sucre en poudre**
½ c. à c. de **noix de muscade** fraîchement râpée
1 à 2 c. à s. de **confiture d'abricots**, chauffée

Tartinez les tranches de pain de mie avec du beurre puis coupez chaque tranche en 4 triangles. Placez une couche de pain au fond d'une terrine beurrée de 1 litre. Parsemez de raisins secs, d'agrumes confits si vous en utilisez et du zeste de citron, puis recouvrez avec les triangles de pain restants.

Battez la crème liquide avec le lait, les œufs, les jaunes d'œufs et le sucre dans un saladier. Versez ce mélange sur le pain. Couvrez et réservez 30 minutes.

Saupoudrez la surface de noix de muscade et faites cuire 30 à 40 minutes au four préchauffé à 180 °C.

Retirez le plat du four et badigeonnez la surface de confiture chaude. Servez chaud, avec de la crème ou une compote de fruits, selon votre goût.

Pour une compote de fruits rouges à servir avec le pudding, mettez 500 g de fruits rouges (mûres, cassis ou framboises), 50 g de sucre en poudre, le zeste et le jus de ½ citron et ¼ de cuillerée à café de quatre-épices dans une grande casserole. Faites cuire à feu doux jusqu'à ce que le sucre fonde, puis faites mijoter à feu très doux 5 à 10 minutes jusqu'à ce que les fruits soient moelleux et juteux.

tiramisu au chocolat blanc

Pour **4 personnes**
Préparation **10 minutes**
+ refroidissement

100 ml de **café noir** refroidi
3 c. à s. de **Frangelico** (liqueur de noisettes)
100 g de **génoise** toute faite
450 ml de **crème fraîche épaisse**
2 c. à s. de **sucre glace**
3 **blancs d'œufs**
50 g de **chocolat blanc** râpé

Mélangez le café noir et le Frangelico. Coupez la génoise en cubes et répartissez-en la moitié dans 4 verres individuels. Ajoutez 1 cuillerée à soupe de café au Frangelico dans chaque verre.

Fouettez dans un bol la crème fraîche, le sucre glace et la moitié du café au Frangelico restant jusqu'à ce que la crème forme des pics.

Montez les blancs d'œufs en neige dans un autre bol, puis incorporez-les à la crème fouettée.

Versez la moitié de la crème fouettée dans les verres à l'aide d'une cuillère et recouvrez-les avec les cubes de génoise restants, le mélange café-Frangelico et le reste de crème. Saupoudrez de chocolat blanc râpé. Laissez refroidir dans le réfrigérateur pendant 1 heure.

Pour un tiramisu aux framboises et au chocolat noir, mélangez le café avec 3 cuillerées à soupe de kirsch. Coupez la génoise en cubes et répartissez-en la moitié dans 4 verres individuels. Ajoutez 1 cuillerée à soupe de café au Frangelico et quelques framboises fraîches. Préparez la crème fouettée et poursuivez la recette comme indiqué ci-dessus. Ajoutez 3 framboises dans chaque verre, puis saupoudrez 50 g de chocolat noir râpé.

salade de fruits aux fleurs de sureau

Pour **4 personnes**
Préparation **5 minutes**
+ refroidissement et repos
Cuisson **5 minutes**

150 ml de **jus d'orange**
50 ml de **sirop de fleurs de sureau**
1 **gousse de vanille** coupée en deux dans le sens de la longueur
200 g de **myrtilles** fraîches
200 g de **fraises** fraîches, équeutées et coupées en deux
200 g de **framboises** fraîches
150 g de **raisins** sans pépins
2 **oranges** pelées à vif

Mélangez le jus d'orange, le sirop de fleurs de sureau et la gousse de vanille dans une casserole et faites chauffer à feu doux jusqu'à frémissement. Baissez le feu et laissez mijoter 5 minutes à feu doux. Retirez la casserole du feu et laissez refroidir 30 minutes.

Placez tous les fruits dans un saladier et mélangez-les délicatement. Versez le sirop sur les fruits et laissez reposer 15 minutes. Servez dans des bols avec des biscuits sablés.

Pour une salade de fruits à l'eau de rose et au miel, faites chauffer 3 cuillerées à soupe de miel liquide, 150 ml d'eau froide et 1 à 2 cuillerées à soupe d'eau de rose à feu doux dans une casserole jusqu'à frémissement. Baissez le feu et laissez mijoter à feu doux pendant 5 minutes. Retirez la casserole du feu et laissez reposer 30 minutes. Versez le sirop obtenu sur les fruits comme indiqué ci-dessus. Décorez avec des pétales de roses puis servez.

bananes en papillote

Pour **4 personnes**
Préparation **2 à 3 minutes**
Cuisson **3 à 4 minutes**

beurre pour graisser le plat
4 petites **bananes** bien fermes
1 bâton de **cannelle** coupé en morceaux
4 **anis étoilé**
1 **gousse de vanille** coupée en quartiers
2 c. à s. de **caroube** râpé
75 ml de **jus d'ananas**

Graissez légèrement 4 feuilles d'aluminium ou de papier sulfurisé suffisamment grands pour envelopper 1 banane. Posez 1 banane au milieu de la feuille ainsi que 1 morceau du bâton de cannelle, 1 anis étoilé et 1 morceau de gousse de vanille.

Saupoudrez de caroube râpé et arrosez de jus d'ananas. Rabattez les coins du papier d'aluminium ou du papier sulfurisé afin de former des papillotes.

Placez les papillotes sur une plaque de cuisson et enfournez 3 à 4 minutes au four préchauffé à 230 °C. Vous pouvez également, si vous le souhaitez, faire cuire les papillotes au barbecue ou au feu de bois. Dans les deux cas, utilisez du papier d'aluminium double épaisseur. Servez avec de la crème fraîche ou du mascarpone.

Pour des bananes à la sauce caramel et noix de pécan, faites chauffer dans une casserole 75 g de beurre doux, 75 ml de sirop d'érable et 75 ml de crème fraîche épaisse à feu doux jusqu'à ce que le beurre fonde. Augmentez le feu et faites revenir à feu vif 5 minutes jusqu'à épaississement de la sauce. Mélangez 75 g de noix de pécan grillées concassées puis laissez mijoter 1 minute de plus. Laissez refroidir 15 à 20 minutes. Versez la sauce chaude sur 4 bananes mûres épluchées et coupées en rondelles, ou sur des bananes rôties aux épices comme ci-dessus.

gâteau glacé au caramel

Pour **8 à 10 personnes**
Préparation **10 minutes**
+ repos, refroidissement et congélation

1 litre de **glace à la vanille** de bonne qualité
250 g de **petits-beurres** écrasés
75 g de **beurre** fondu
200 g de **caramel au beurre salé**
2 c. à s. de **crème liquide**

Sortez la glace du congélateur et laissez-la ramollir à température ambiante pendant 30 à 45 minutes.

Pendant ce temps, mettez les petits-beurres écrasés dans un saladier, ajoutez le beurre fondu et mélangez jusqu'à ce que les petits-beurres en soient bien imbibés. Mettez le mélange dans un moule rond démontable de 23 cm en pressant bien avec les doigts pour le faire monter de 2,5 cm sur les parois. Laissez refroidir au réfrigérateur pendant 20 minutes.

Mettez le caramel et la crème dans une casserole et faites cuire à feu doux, en remuant, jusqu'à ce que le caramel fonde. Répartissez délicatement les deux tiers du caramel sur les biscuits. Étalez la glace dessus et égalisez la surface.

Étalez à l'aide d'une cuillère le caramel restant sur la glace et mettez au congélateur pendant 4 heures. Démoulez le gâteau et découpez plusieurs parts.

Pour un gâteau au chocolat et au caramel, préparez la recette ci-dessus en utilisant 250 g de biscuits au chocolat écrasés ou des cookies au chocolat. Faites fondre le caramel avec la crème comme ci-dessus, ajoutez 125 g de noisettes grillées et mélangez. Versez le tout sur les biscuits, puis ajoutez dessus la glace à la vanille moelleuse. Faites fondre 50 g de chocolat noir dans un bol résistant à la chaleur en le plaçant au-dessus d'une casserole d'eau frémissante. Versez le chocolat sur la glace et mettez au congélateur.

crème brûlée à la nectarine

Pour **6 personnes**
Préparation **10 minutes**
Cuisson **10 à 15 minutes**

500 g de **nectarines** dénoyautées et coupées en quartiers
4 c. à s. de **liqueur d'orange** + un peu pour la cuisson des fruits
350 ml de **crème aigre**
1 pincée de **noix de muscade** fraîchement râpée
1 c. à c. d'**extrait de vanille**
125 g de **cassonade** blonde

Mettez les nectarines dans une casserole et ajoutez suffisamment d'eau pour les recouvrir entièrement. Pochez-les à feu doux 5 à 10 minutes jusqu'à ce qu'elles soient tendres. Égouttez-les et répartissez-les dans 6 ramequins individuels. Incorporez un peu de liqueur d'orange.

Battez la crème aigre, la noix de muscade, l'extrait de vanille et les 4 cuillerées à soupe de liqueur d'orange dans un saladier jusqu'à ce que le mélange soit homogène. Répartissez sur les quartiers de nectarines, puis saupoudrez de cassonade en couche épaisse.

Passez-les au gril préchauffé jusqu'à ce que le sucre caramélise. Servez avec des langues-de-chat ou des amaretti.

Pour des cookies au citron à servir avec la crème brûlée, mettez 125 g de beurre ramolli, 50 g de sucre en poudre, 1 zeste de citron râpé et ½ cuillerée à soupe de jus de citron dans un saladier. Battez avec un fouet électrique jusqu'à ce que le mélange soit clair et léger. Tamisez 150 g de farine à gâteau et continuez à fouetter jusqu'à obtenir une pâte épaisse. Découpez la pâte en morceaux de la taille d'une noix, formez des boules et aplatissez-les en disques de 5 cm. Posez-les ensuite sur une grande plaque de cuisson et passez-les au four préchauffé à 180 °C pendant 12 à 15 minutes. Laissez reposer 5 minutes sur la plaque de cuisson, puis sur une grille jusqu'à refroidissement complet.

gâteau au chocolat simplissime

Pour **12 parts**
Préparation **10 minutes**
Cuisson **50 à 55 minutes**

250 g de **chocolat noir** cassé en morceaux
250 g de **beurre** + un peu pour graisser le plat
4 **œufs** battus
125 g de **sucre en poudre**
225 g de **farine à levure incorporée** tamisée

Glaçage
175 g de **chocolat noir** cassé en morceaux
150 ml de **crème liquide**

Graissez un moule à gâteau de 20 x 30 cm et chemisez-le de papier sulfurisé. Mettez le chocolat et le beurre dans un bol résistant à la chaleur, placez-le au-dessus d'une casserole d'eau frémissante (le bol ne doit pas toucher l'eau) et remuez, à feu doux, jusqu'à ce que le chocolat fonde. Laissez reposer 5 minutes.

Pendant ce temps, battez les œufs et le sucre dans un saladier au fouet électrique, pendant 5 minutes, jusqu'à obtenir un mélange épais. Ajoutez le mélange au chocolat refroidi et la farine.

Versez le mélange obtenu dans le moule à gâteau et faites cuire 45 à 50 minutes au four préchauffé à 160 °C jusqu'à ce que le gâteau gonfle et soit bien ferme au toucher. Laissez-le reposer dans le moule 10 minutes, puis posez-le sur une grille pour qu'il finisse de refroidir, sans oublier de retirer le papier sulfurisé.

Pendant ce temps, préparez le glaçage. Mettez le chocolat et la crème liquide dans une casserole et faites chauffer à feu doux, en remuant, jusqu'à ce que le chocolat fonde. Laissez refroidir 1 heure pour que la sauce soit bien épaisse puis étalez-la sur le gâteau. Réservez 30 minutes avant de servir.

Pour un glaçage au beurre et au chocolat, battez 200 g de beurre ramolli, 200 g de sucre glace et 50 g de cacao en poudre dans un bol jusqu'à ce que l'ensemble soit homogène. Étalez-le sur le gâteau, décorez avec 50 g de copeaux de chocolat noir, puis servez.

gâteau au chocolat givré

Pour **30 bâtonnets**
Préparation **15 minutes**
+ refroidissement
Cuisson **5 minutes**

500 g de **chocolat noir** cassé en morceaux
125 g de **beurre doux** + un peu pour graisser le plat
100 g de **petits-beurres** écrasés grossièrement
100 g de **figues séchées** tranchées grossièrement
50 g de **cranberries séchées**
50 g de **noisettes** grillées
50 g d'**amandes** grillées et hachées grossièrement
sucre glace pour saupoudrer (facultatif)

Graissez un moule à gâteau rectangulaire de 17 x 23 cm et chemisez-le de papier sulfurisé. Mettez le chocolat et le beurre dans un bol résistant à la chaleur, placez-le au-dessus d'une casserole d'eau frémissante (le bol ne doit pas toucher l'eau) et remuez, à feu doux, jusqu'à ce que le chocolat fonde. Incorporez tous les autres ingrédients.

Versez le mélange obtenu dans le moule à gâteau à l'aide d'une cuillère. Étalez-le bien puis égalisez la surface à l'aide d'une spatule.

Couvrez avec du papier d'aluminium et placez 4 heures, ou toute la nuit, au réfrigérateur. Égalisez délicatement les bords du gâteau avec la spatule puis démoulez-le sur un plateau, sans oublier de retirer le papier sulfurisé. Saupoudrez de sucre glace si vous le souhaitez, et servez coupé en fins bâtonnets.

Pour une version au chocolat blanc, mettez 375 g de chocolat blanc cassé en morceaux dans un bol, placez-le au-dessus d'une casserole d'eau frémissante (le bol ne doit pas toucher l'eau) et laissez fondre le chocolat. Pendant ce temps, vaporisez d'huile d'olive 1 moule de 1 litre et chemisez-le de papier sulfurisé. Ajoutez 200 g de loukoums grossièrement découpés (parfum au choix), 75 g de pistaches et 25 g de noix de coco râpée. Mélangez avec le chocolat fondu. Versez ce mélange dans le moule, égalisez la surface et placez 4 heures au réfrigérateur. Démoulez, retirez le papier sulfurisé et prédécoupez des parts avant de servir.

annexe

table des recettes

petits déjeuners & brunchs

soupes & plats uniques

dîners prêts en 20 minutes

pâtes, riz & nouilles

viandes, volailles & poissons

plats végétariens & salades

gâteaux & desserts faciles

Découvrez toute la collection :

entre amis

200 recettes autour du **barbecue**

À chacun sa petite **cocotte**

Apéro

Brunchs et petits dîners pour **toi & moi**

Cocktails glamour & chic

Cupcakes colorés à croquer

Macarons et tout petits gâteaux

Verrines

cuisine du monde

200 recettes comme à **New York**

200 bons petits plats **italiens**

Pastillas, couscous, **tajines**

Petits plats **asiatiques**

Spécial thaï

Wok le tour du monde des recettes

tous les jours

200 recettes pour **étudiants**

200 recettes familiales **vite prêtes**

À table en moins de **20 minutes**

Chocolat

Cuisine du marché à moins de **5 euros**

Desserts trop bons

Pasta

Petits goûters avec les **marques cultes**

Cakes & Cie

Recettes pour **bébé**

Spécial **Débutants**

Tartes mini ou family

bien-être

21 menus minceur pour **perdre du poids**

200 recettes **équilibrées** pour toute la famille

Quinoa, boulgour lentilles & Cie

Papillotes, la cuisine vapeur qui a du goût

Pâtisseries & desserts **à la stévia**

Petite bible de la cuisine **sans gluten**

Poissons & crustacés faciles

Recettes **vapeur**

Salades

Smoothies et petits jus frais & sains

Soupes pour tous les goûts

SIMPLE
PRATIQUE
BON

POUR CHAQUE RECETTE, UNE VARIANTE EST PROPOSÉE.

MARABOUT
LES PETITS COSTAUDS CÔTÉ CUISINE